子どもがハマる！ 幼児から小学校低学年までの

かがくあそび

サイエンス倶楽部／著

チャイルド本社

幼児期にこそ
科学的体験ができるあそびを！

お茶の水女子大学教授　**森　義仁**

科学ってなんだろう？

　科学の成果は人類共通の財産です。長い間に多くの人がさまざまな自然現象を観察して規則性を見いだし、それが人類のなかに蓄積されていきます。やがて、それをより深く説明するためのモデルが誰かによって提案されます。原因や結果は事実ですが、モデルは人が考えた一つのアイデアです。そのモデルが説明できるデータが多ければ、モデルは正しいものと理解され、それが広範囲に及ぶとき、モデルは理論として確立されます。

　少し難しい話になってしまいましたが、科学は自然現象を原因と結果の関係で説明するモデルを生み出す方法といえます。

　現在生きている私たちも子どもたちも、その科学の歴史の途上にいます。これまでの科学の蓄積の上に立ち、これからのデータの蓄積やモデルの提案を担うべき存在です。とても長い時間、多くの人が自然現象と向き合いデータを積み上げてきた歴史を考えれば、科学への取り組みにおいて急ぐ必要はありません。私たちも子どもたちも、ゆっくりと五感で自然現象に向き合い、経験を増やしていきたいものです。

科学教育の世界的な波

　科学的な視点をもつと、ものごとの規則性を把握できるようになります。これは過去のことだけでなく、未知のことへの予測をも可能にしてくれます。科学は現在では、自然科学のことだけでなく、社会現象等の説明にも使われるようになってきました。科学をもってしても明らかになっていない事実はまだまだありますが、多くの人々の努力により、日々明らかになりつつあります。最初にも申しあげましたが、科学の成果は人類共通の財産なのです。

　科学の大切さが認められてきたため、子どもたちの科学教育を充実させようという波が世界的に起きていて、そのスタート年齢も低年齢化しています。これは「科学というものは難しいものであり、長い時間をかけたほうが良い」との考えによるものですが、年齢が小さいうちから科学理論を学ぼうということではありません。科学の基本となる自然現象にふれる体験を豊かにするということです。これに役立つのが、あそびです。あそびが、人類にとって有用な「科学という道具」を知る入口になるというのが、今日の考え方です。

幼児期の科学あそびで期待できること

　子どもたちが科学を本格的に学びはじめるのは、小学校中学年以降の理科の授業ですが、それよりも下の年齢では、主に日常に関連したあそびのなかで子どもは科学と出合います。できるだけたくさん科学にふれるようなあそびをすることは、次に挙げる三つの良い点があります。

　まず一つ目は、あそびに取り組む際に、自分なりに工夫してものを作ったりすることで、気持ちがわくわくと活性化することです。身近な材料や道具をうまく組み合わせるには、物の選択や作り方の調整などが必要です。何か一つ調整を行うと、さらに試してみる気持ちがわき起こります。この作業を繰り返すことで、子どものなかで原因と結果のデータが蓄積されていき、それが規則性と傾向への気づきにつながっていきます。「こうしたら失敗した」「こうすればうまくいく」という記憶が残っていくことは、頭の中で分類という操作を行っていることになります。分類は、科学における原因と結果の関係性を調べる出発点です。

　二つ目に、遊ぶことが物事への関心の度合いの高まりにつながります。子どもたちは、面白いと思うことならば続けることができます。続けると、あそびとしてはその技能が高まり、経験としてはデータとなる経験が増えていきます。年齢が小さな子どものうちは特に、「面白い」と感じることを何よりも大切にしたいものです。一つのあそびの技能が上がるとほかのあそびに対しても関心が向くようになり、知ることへの幅が広がっていくことが想像できるでしょう。

　三つ目に、遊んだ経験の蓄積が、もっと後になって本格的に自然現象を説明する科学理論を学んだときに生きてくることが期待できます。理論がどのように成立したかの道筋を考えるとき、幼児期からの豊かなあそびの体験があることで、納得のしかたに違いが出てきます。十分な納得が得られないときは、教わったことを覚えることしかできません。それでは、学ぶことの楽しさは感じられなくなってしまうでしょう。小・中学校以降で理科を難しく感じられた方は、あそびの経験が不足していたのかもしれません。

　子どもの年齢が小さいうちは、子どもだけでなく、大人と一緒にあそびを楽しむことが多いと思います。大人もまた、準備などの作業を通して刺激を受け、自然現象に五感を通して向き合えれば理想的です。科学あそびは、子どもだけのものではなく万人のものである。そんな気持ちで楽しんでいただけることを願っています。

森 義仁

1960年生まれ、北海道大学大学院薬学研究科修了、薬学博士取得後、1988年富山医科薬科大学附属病院薬剤師に就き、1998年にお茶の水女子理学部助教授、2014年より現職。その間、理科実験学生サークル顧問、開発途上国女子教育協力センター長、いずみナーサリー施設長、附属幼稚園長、文京区立お茶の水女子大学こども園長を務める。

もくじ

- 幼児期にこそ
  科学的体験ができるあそびを！……… 2
- 本書の特長……… 6
- 乳幼児から小学校低学年までの
  科学あそびの取り入れ方……… 7
- どう育っていくの？ 科学の"芽"……… 8

Chapter 1 感触あそび
- 基本のあそび……… 11
- 風船の中身なんだろう？……… 12
- 片栗粉って不思議！……… 13
- ぷるぷる石けんを作ろう！……… 14
- 洗濯のりでスライム作り……… 15
- ぽんぽん弾む スーパーボール……… 16

Chapter 2 水のあそび
- 基本のあそび……… 17
- 牛乳パックのシャワー！……… 18
- 簡単水鉄砲！……… 19
- 見えない絵が見えてくる！……… 20
- 水玉をつついたら………… 21
- ぷかぷか回転スター……… 22
- 水がいちばんしみ込むのはどれかな？…… 23
- カラフルな花びら作り……… 24
- ブクブク色水！……… 25
- 氷をとかすのはどれかな？……… 26

Chapter 3 シャボン玉のあそび
- 基本のあそび……… 27
- シャボン玉を手に乗せよう……… 28
- シャボン玉でアート作品！……… 29
- シャボン玉を凍らせよう！……… 30
- 水の中のシャボン玉！？……… 31

科学コラム
割れにくいシャボン玉液を作ろう……… 32

Chapter 4 光のあそび
- 基本のあそび……… 33
- 色の光をミックスしよう……… 34
- 影の色は何色？……… 35
- 影絵で遊ぼう！……… 36
- 万華鏡を作ろう！……… 37
- 水をまいて虹を作ろう！……… 38
- 虹色模様が見える ふしぎスコープ……… 39
- びんの中になにがある？……… 40
- 水に入れたら絵が消えた！？……… 41

科学コラム
プログラミング教育を知っておこう……… 42

Chapter 5 空気のあそび

基本のあそび……………………… 43

ペットボトルの空気砲……………… 44
ポンと飛び出す空気鉄砲…………… 45
ふわふわ飛ぶよ 風船ロケット……… 46
乗ってもへっちゃら！ 風船マット… 47
ドライアイスでもくもく体験……… 48
泡あわでふくらむの？……………… 49
シュワシュワ入浴剤を作ろう……… 50

Chapter 6 音のあそび

基本のあそび……………………… 51

たたいてみよう どんな音？………… 52
声でヘビを踊らせよう！…………… 53
宇宙人になれるボイスチェンジャー… 54
糸電話でお話しよう！……………… 55

科学コラム
科学の"芽"を育てるヒント①
こんな行動にどう対応する？……… 56

Chapter 7 しかけのあそび

基本のあそび……………………… 57

磁石で作ろう！……………………… 58
戻ってくるボールあそび…………… 59
コトコト歩くよ 紙コップ人形……… 60

ゆらゆら揺れる おきあがりこぼし… 61
やじろべえと天秤を作ろう………… 62
潜る魚の水族館……………………… 63
くっつく風船………………………… 64
空を飛ぶクラゲ……………………… 65

科学コラム
科学の"芽"を育てるヒント②
こんなつぶやきになんて言う？…… 66

Chapter 8 食育あそび

基本のあそび……………………… 67

とても簡単！ 漬物作り……………… 68
浮かぶかな？ 沈むかな？…………… 69
ゼリーを作ろう！…………………… 70
作れるかな？ こんにゃく…………… 71
ふわふわホットケーキ……………… 72
シュワシュワ ラムネ作り…………… 73
ムラサキキャベツで色水あそび…… 74
ガシャガシャ振ってかき氷………… 75

● 素材図鑑……………………………… 76
● あとがき……………………………… 79

本書の特長

子どもたちの科学の"芽"を育むことができる、日常的なあそびを、「感触あそび」「水のあそび」など、テーマごとに紹介しています。

❶ 基本のあそびを紹介しています

各テーマごとに、その素材に触れる基本的なあそびを紹介しています。本格的なあそびに入る前にやってみてください。

❷ わくわくするあそびを紹介しています

幼児から小学校低学年くらいまでの子どもが取り組みやすいあそびを取り上げています。

取り組みやすい年齢や時期、場所、難しさを示しています。

素材図鑑マーク ❸ 参照

遊び方は、発達段階に応じて、大人がサポートしてください。

あそびのテーマを示しています。

関連したあそびを示しています。

発展形を示しています。

❸ 素材図鑑があります

あそびページの【用意するもの】で、素材名の前に 素 のマークをつけているものは、巻末に購入できる場所や安全上の注意事項を記載しています。

👀 科学の目

科学的な要素の解説。あそびに含まれる趣旨を理解したいときに読んでください。これは子どもが理解しなくてもかまいません。発達段階に応じて、子どもが疑問をもったら、一緒に考えるヒントにしていきましょう。

年齢について

あそびで見られる現象を楽しめる年齢を示しています。子どもの発達段階に合わせて、物を作る作業などは大人が行うなど、補いながら取り組んでください。

乳幼児から小学校低学年までの 科学あそびの取り入れ方

どうしたら科学が好きになってくれるか？ そう思いながら科学あそびのメニューを考えることもあるかもしれません。でも、年齢が小さいうちは、欲張らずこんな取り入れ方を心がけてみましょう。

❶ 素材に触れることから始めよう
例えば水を知るために、いろいろなあそびを設定する前に、水そのものに触れる体験が必要です。触れることで、感触や温度、動きなどを知り、そこからあそびに対する興味も生まれてきます。

❷ 体験するだけでOK
発達段階に応じて、科学的なねらいをもったあそびを取り入れてみましょう。なぜそうなっているかをしっかり理解できなくても、まずは現象を体験することが大切です。

❸ 「なぜ？」「どうして？」を受け止める
無理に意味を教えようとしなくても、「なぜ？」「どうして？」という疑問が出てくるようになります。そんなときは大人がまず、その子が疑問に思ったことを認めたうえで、「どうしてだと思う？」と、子どもがさらに考えるように促してみましょう。

❹ 間違った理解をしていても否定しない
子どもからどんな答えが出ても、まずは「よく考えられたね」と受け止めましょう。その後で、本当にそうかな？ と考えていけるとよいでしょう。正解・不正解ではなく、「考えることに価値がある」と、子どもが感じることが大切だからです。

❺ 繰り返しやってみる
幼児期にできるだけ多くの科学的体験をすることが大切です。同じあそび、似たようなあそびを、少しずつ変えてトライしてみましょう。繰り返すことで理解が深まります。

❻ ときにはイベントとして
日常のあそびで子どもたちが興味をもったら、ときには「かがくじっけん」と銘打って、大人が白衣を着るなどの演出をしてみてもよいでしょう。科学者気分で、盛り上がります。

❼ 保護者にもねらいを伝える
おたよりなどで あそびのねらいや内容を保護者にも伝えてみましょう。あそびで作ったものを持ち帰り、体験したことを家庭でお話しすることで、より科学の"芽"が育まれるきっかけとなります。

| 発達を押さえておこう | どう育っていくの？ 科学の"芽" |

執筆／にじのいるか保育園芝浦

**子どもの発達によって、科学の"芽"はどう育っていくのか？
発達を押さえて、それぞれの時期に合った援助を行い、
科学への興味・関心をのばしましょう。**

0～1歳児　見る、聞く、触れるあそびで豊かな感覚を育てる

　0歳児は行動範囲が広がるにつれ、おもちゃや自然物など身の回りのいろいろな物に興味をもち始めます。特に光のような刺激の強い物や動く物をよく目で追い、音がする物も好きです。

　1歳前後になると友達や人の姿への関心も強くなります。この時期は、見る、聞く、触れる、嗅ぐなど、五感を刺激するあそびを通じて、豊かな感覚を育みましょう。

鏡やガラス窓は、自分や人の姿が映って動くので、この時期の子どもが大好きなアイテム。

ペットボトルにビーズなどを入れるだけで楽しいおもちゃに。自分が手を動かすと音がして、おもしろい！

地面の影を目で追ったり、手でつかまえようとしたりして、興味があるものに視線を向けるようになります。

2歳児　言葉が発達し、身の回りの物の性質などにも気づくようになる

　大人の言葉もある程度わかってきて知識が増えます。手先も器用になるためできることも増えてきて、あそびの世界が広がります。

　身の回りの物の性質や現象について、科学の原理のようなことも、少しずつ理解できるようになってきます。「自分でやりたい」気持ちが強いので、大人は子どもが進んでやりたくなる援助を考えましょう。

指先が器用になり、色水を容器に注ぐ、混ぜるといったあそびも楽しめるようになります。

氷は冷たい、氷がとけると水になるなど、身の回りの物についての理解が進みます。

砂で山を作ったり、型抜きをしたり。砂場あそびには、砂の性質を知る経験がいっぱいあります。

3歳児 知っていることをより深く知り、知識を増やすのが楽しい

同じ「動物」でも、いろいろな種類があることがわかり、一つひとつの名前を覚えたり、特徴や違いを知りたがったりと、知的な好奇心が強くなります。実物を見たことがない恐竜などに対しても興味が広がり、図鑑を見て楽しむことも多くなります。

また、想像力が豊かになり見立てあそびが増える、道具の特徴を理解して使いこなす、といった姿も見られるようになります。

図鑑を楽しむ子が増えます。「なんて書いてあるの？」と聞かれたら大人がフォローを。

物の名前や特徴を覚え、話をします。「すごい！よく知っているね！」と言われると、得意に。

物の特徴を捉えて遊ぶようになります。ざるでふるったさらさらの白い砂を粉砂糖に見立てて、型抜きしたケーキにふりかけたりするように。

4歳児 知的な力が大きくのび、大人でも答えにくい疑問をもつ

より深い、正しい知識を求めるようになります。図鑑を使って自分で調べるなど、知的な力がのびていく時期です。

また、身の回りの物事や現象に対し、大人でもすぐに答えられないような疑問を抱きます。保育者が「なんでだろう、どう思う？」と返すと、自分なりの考えを言葉にして伝えます。

物事や現象に対し、たくさんの疑問や気づきが生まれ、科学に向かう心がぐんぐん育ちます。

知りたい物を図鑑で調べるなど、進んで知識を求めて行動するようになります。

5歳児 予測を立て、試行錯誤をして、科学のプロセスを楽しく体験

　言葉や知的な力がさらに発達し、「こうしたらどうなるか」という予測を立てて挑戦します。思うようにいかないときは、違う方法を試す、友達の結果を参考にするなど、試行錯誤をしながらあそびを深めます。

　予測→実験→振り返り→次の予測という科学のプロセスを、楽しみながら体験している時期。科学的な気づきもより高度になります。

友達の作ったものややっていることを見て、自分の取り組みにも反映できるように。

「前はうまくできたのに、きょうはできない」など、違いに気づいて、理由や原因を考えるようになります。

就学を意識した配慮を

　4歳～5歳前半は、子どもが自分の考えを言葉にできることが大切。就学を意識する5歳後半からは、さらに、保育者の話をよく聞き、話や質問の意図に合った返答ができるように保育者が促してもよい時期です。

就学後 乳幼児期の経験の上に読んで得た知識が積み重なっていく

　小学校入学後、「理科」という授業が始まるのは3年生からですが、1年生から「生活科」で、いろいろな科学の特性を生かしたあそびがあり、科学的な視点がいかに生活に根ざしているかで、理解が変わってきます。日々のあそびの事象の「あたりまえ」から、どんな不思議が見られるのかが、「生きる力」や学ぶ力につながっていきます。

　小学校の高学年になっていくと、本やインターネットなどからさまざまなことを調べ、知識を広げていくようになります。この「読んで知る知識」も、あそびなどから得られた実体験と、そこから得られた科学的な視点の上に積み重なっていくものです。

　乳幼児期からあそびを通して育んだ力が、就学後に生きていきます。

Chapter 1

感触あそび

触ることは、ものの性質を知るためのいちばん基本的な方法です。触ることで感じた情報から「なぜ？」という気持ちが生まれたら、科学の"芽"は育ち始めています。

基本のあそび　いろいろなものに触ってみよう！

いろいろなものに触って、感触や温度、どんな動きをするかなどを楽しんでください。しだいに、他のものとの比較や変化の様子に気持ちが向くようになっていくはずです。

風船の中身なんだろう？

0歳～小学生

一年中　屋内　手軽

物質によって異なる、やわらかさや温度などを感じて楽しみましょう。風船に入れることで、直接触るのが苦手な子どもも楽しめます。

用意するもの
風船（9インチサイズ）、中に入れる物質（小麦粉、片栗粉、砂糖、塩、米、水、空気など）、ろうと、割り箸

遊び方

1

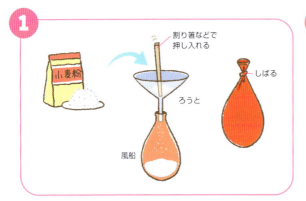

小麦粉や片栗粉などは、ろうとを使って、水は蛇口から直接、空気はポンプなどで入れます。同じくらいの大きさにしてください。

2

それぞれ触ってみて、感触の違いを確かめてみましょう。

※小麦粉はアレルギーのある子への配慮が必要な場合があります。

科学の目
粒の大きさが異なる粉末（固体）、液体、気体など、物質によって**感触**が違います。物質の密度や流動性によって、風船の形も違ってきます。握ったあとの形の戻りやすさや、**温度**（温かい・冷たい）にも注目してみましょう。

ゲーム性Plus
クイズにして、中身を当てっこして楽しんでみましょう。

12

片栗粉って不思議！

0歳〜小学生
春〜秋　屋内　手軽

Chapter 1 感触あそび

ぎゅっと握ると固くなったよ

片栗粉と水を混ぜるだけで、不思議な感触を味わえます。手でぎゅっと握ったときとゆるめたときとで、感触の違いを楽しんでみてください。

用意するもの
片栗粉（計量カップ2杯）、水（計量カップ1杯）、容器

遊び方

1 容器に片栗粉を入れ、水を加えてかき混ぜ、どろどろの状態にします。

2 手でぎゅっと握ると、固くしまったようになります。手を開いても、初めはそのままです。

3 手を開いて2〜3秒すると、どろどろに戻ります。交互にやってみて、感触の違いを確かめてみましょう。

🔍 科学の目
片栗粉の粒に力が加わると、粒同士が支え合うような構造になり、水を含んだまま固くなります。力をゆるめると、この構造がくずれ、流動性が出てきます。このような、力によって混合物の性質が変化する現象を「**ダイラタンシー現象**」といいます。

科学性 Plus
どろどろの片栗粉の上にビー玉をそっと置いたときと、強く押しつけたとき、どう違うか比べてみましょう。

そっと置く　沈む
押しつける　片栗粉が固くなるので沈まない

13

ぷるぷる石けんを作ろう！

3歳〜小学生
一年中　屋内　手軽
関連→p.70

ゼラチンでぷるぷるだよ！

簡単に作れるゼリーの石けんです。液体石けんがゼラチンに閉じ込められて、ぷるぷるに変わる不思議を感じてください。

用意するもの （1個分の量×人数分）
- 粉ゼラチン5g、液体石けん10mL、湯40mL、プラスチックコップ

遊び方

※保存は容器に入れたまま冷蔵庫で保存し、2〜3日ほどで使い切りましょう。

1

耐熱容器に熱湯と液体石けんを入れ、ゼラチンをふり入れて、よくかき混ぜます。

2

粗熱を取ったら、1個分ずつコップに分け、冷蔵庫で冷やします。

3
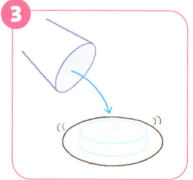
ぷるぷるのゼリー石けんができました。これで手を洗ってみましょう。

👀 科学の目
ゼラチンは動物の体を作っているたんぱく質から取り出した物質です。冷えることにより**網の目のような構造**になり、隙間に水分が閉じ込められたままで固まります。20℃くらいで固まるので、手の温度でとけて液体に戻ります。

科学性Plus
ぷるぷる石けんを作って、水に入れたりお湯に入れたりしてとける様子を楽しみましょう。温度によってやわらかさが変わるゼラチンの性質が実感できます。

洗濯のりで スライム作り

Chapter 1　感触あそび

3歳〜小学生
一年中　屋内　こつがいる
関連→p.16

スプーンで混ぜると…
とろとろになったよ

洗濯のりとホウ砂を使って不思議な物体スライムを作ります。手でこねたり、のばしたりして遊びましょう。

用意するもの　（1個分の量×人数分）

素 湯 100mL、素 ホウ砂 10g、水 30mL、素 洗濯のり（PVA 入り）30mL、素 食用色素ごく少量、プラスチックコップ

※保存は、密封容器に入れて冷蔵庫で。じゅうたんなどの上に落とすと取れにくいので、気をつけてください。捨てる場合は下水に流さず、ビニール袋などに入れて燃えるゴミとして出しましょう。

遊び方

1 湯 100mL　ホウ砂 10g
コップに 50℃の湯を入れ、ホウ砂を入れてよく混ぜ、とかします。

2 水 30mL　洗濯のり 30mL　食用色素
別のコップに洗濯のりと同量の水を入れ、スプーンなどで混ぜます。色をつけるときは、ここで食用色素を少量入れます。

3 全体がゼリー状になったら手でもむ
❷に❶を少しずつ入れ、さらに混ぜます。とろみが強い場合は、ホウ砂水をもう少し入れ、ちょうどよい固さにします。

🔍 科学の目

スライムにはたくさんの水が入っています。ホウ砂水と洗濯のりに含まれる成分によって、**網の目のような構造**ができ、その隙間に水をため込んだものがスライムです。

美しさ Plus

色違いのスライムを作って、混ぜ合わせて色の変化を楽しんでみましょう。

ぽんぽん弾むスーパーボール

3歳〜小学生
一年中　屋内　こつがいる
関連→p.15

これも洗濯のりからできた！
ボールだ！

洗濯のりの大変身、第二弾！
洗濯のりから、よく弾むスーパーボールも作ることができます。

用意するもの　（小1個分）
素 洗濯のり（PVA入り）30mL、
食塩水（水100mLに食塩40gをとかす）、プラスチックコップ、
割り箸、キッチンペーパー、素 食用色素ごく少量

遊び方

※色をつけるときは、❶で水ときの食用色素を洗濯のりに少量混ぜておきます。

1 洗濯のりに食塩水を入れ、割り箸で静かに混ぜます。

2 ねばねばしたものがからみついてくるので、割り箸からそれを外し、すばやく丸めます。

3 キッチンペーパーで水気を拭き取って、少し乾かしたらスーパーボールの完成です。色をつけると、かわいいボールができます。

科学の目
洗濯のりには、PVA（ポリビニルアルコール）という**水溶性プラスチック**がとけています。洗濯のりに濃い食塩水を入れると、PVAのまわりの水が食塩水に奪われてPVAが現れます。これを丸めると、よく弾むスーパーボールになります。

科学性 Plus
乾くとカチカチした感触になるので、作ってすぐのものと感触や弾み方がどう違うかを確かめてみましょう。

16

Chapter 2

水のあそび

水は、ふだんの暮らしのなかに当たり前のようにある、とても身近な物質で、固体→液体に変わる様子も観察しやすい物質です。できるだけ多くの姿に触れる経験が、科学の"芽"を育む下地になっていきます。

基本のあそび

水や氷に触って、変化を感じよう

まずは、水そのものを感じるあそびをしてみましょう。
直接触れて、水の多様な姿を感じてください。

蛇口から出る水に触れる

温度の違う水に触れてみる

こっちは、冷たい！

こっちは、温かい！

氷がとける様子を観察する

とけて、水になったよ

たらいで水流を起こして洗濯ごっこ

ぐるぐるうず巻きだ！

ぬれたハンカチを干してみる

乾いた！

牛乳パックのシャワー！

0歳～小学生

夏　屋外　手軽

関連→p.19

わぁ！シャワーだ！

牛乳パックを利用して、簡単なシャワーを作りましょう。水を入れると、穴から流れ落ちる水の勢いを楽しめます。

用意するもの
1Lの牛乳パック、千枚通し（きり）、ビニールテープ、水、シールなど

遊び方

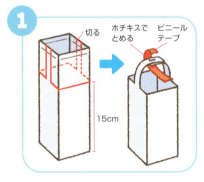

1 牛乳パックを図のように切り、取手の部分を重ねて留めて、シャワーの本体を作ります。

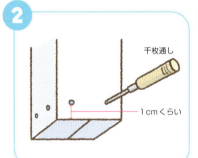

2 千枚通しで、本体の側面に8か所くらい穴をあけたら完成です。シールなどで装飾しても楽しいです。

3 水を注いで、どうなるか確かめてみましょう。

🔍 科学の目

穴から出る水の勢いはその穴よりも上にある水の重さによって変わります。水の重さによる力のことを**水圧**といいます。牛乳パックの同じ高さにあけた穴には同じだけ水圧がかかるので、同じ勢いで水が噴き出します。だんだん水の勢いが弱くなってくるのは、穴より上にある水が減っていくことで水圧が弱くなるためです。

科学性Plus

穴の大きさや形を変えたり、穴の高さを変えたりして、流れ落ちる様子を比べてみましょう。

18

簡単水鉄砲！

0歳〜小学生

夏　屋外　手軽

関連→p.18

Chapter 2 水のあそび

ぎゅっと押したら…
水が飛び出した！

ドレッシングボトルを利用した水鉄砲で遊びましょう。ぎゅっと握って水が飛ぶ感覚を楽しんでください。

※どこまで水を飛ばせるか、みんなで競争してみましょう。

用意するもの
調味料用のドレッシングボトル、ビニールテープ、油性カラーペン

遊び方

1 ドレッシングボトルを水の中に入れ、押して空気を出し、水を吸い込ませます。

2 ぎゅっと握ると、どうなるか確かめてみましょう。

水が出た〜！

3 ビニールテープや油性ペンで、容器に絵や模様を描くと、もっと楽しくなります。

油性カラーペン
ビニールテープ

科学の目
手で容器を押すと、**圧力**が水全体に伝わりキャップの口から水が飛び出します。中の水の量や、容器を握る力を変えると、飛び出す水の勢いや出る量が変わります。

ひと工夫Plus
ペットボトルのキャップに穴をあけて、先が曲がるストローを通した水鉄砲も作ってみましょう。水が少なくなっても上向きのまま水が出る水鉄砲になります。

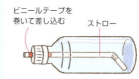

ビニールテープを巻いて差し込む
ストロー

19

見えない絵が見えてくる！

0歳〜小学生

一年中　屋内　手軽

白い画用紙に白いクレヨンで絵を描いて、上から薄い絵の具を塗ってみると…。見えない絵が見えてくる不思議を楽しんでください。

ほらっ！絵が見えたよ！

用意するもの
白い画用紙、クレヨン（白）、水彩絵の具、水（適量）、絵筆（太めのもの）

遊び方

1
画用紙や白い紙に、白いクレヨンで絵や線、図形などをしっかりと描きましょう。

2
筆先に水彩絵の具をつけ、多めの水でといて、水とき絵の具を作ります。

3
太い筆に❷をつけて、❶の上から塗りましょう。何が起こるかな？

科学の目
油は水をはじく性質をもっています。クレヨンに含まれる油分で、水とき絵の具がはじかれ、描いた模様が浮き出てきます。このように水と油の性質を利用した絵画の技法を「**はじき絵（バチック）**」といいます。

3歳以下なら…
大人と一緒に絵の具を塗って、クレヨンの絵が出てくる体験を楽しみましょう。

美しさPlus
白い画用紙とクレヨンの組み合わせだけでなく、色画用紙とクレヨンの色の取り合わせを考えて、試してみましょう。

Chapter 2 水のあそび

水玉をつついたら…

2歳〜小学生 / 一年中 / 屋内 / 手軽

水ってどうして丸くなるの？

小さな水玉を作って、ようじの先でそっとつついてみましょう。
水玉はどうなるかな？

用意するもの
水、きれいなプラスチックの下敷きやクリアファイル、つまようじ、スポイト、台所用の中性洗剤

※❷でつまようじの先が汚れていると、表面張力を弱めてしまうことがあります。うまくいかないときは、きれいなつまようじに取り替えてください。

遊び方

1 下敷きなどの上にスポイトで水を1滴たらして、できた水滴をよく観察しましょう。

こわれないよ！

2 つまようじの先で、水滴をそっとつついて、どうなるか確かめてみましょう。

つぶれた！

3 今度は、つまようじの先に中性洗剤をつけてつついてみましょう。さっきとは違う現象が起こります。

科学の目
水には、分子同士が引き合ってまとまろうとする力（**表面張力**）が働いています。水滴が丸くなるのは、この力のためです。洗剤には表面張力を弱める力があるので、水滴は壊れてしまいます。

美しさPlus
色水で水玉を作り、つまようじでつついて転がし、水玉を合体させてみましょう。どんな色になるか、確かめてみてください。

21

ぷかぷか回転スター

3歳～小学生

一年中　屋内　手軽

何もしてないのに回ってる！

星形に切った発泡スチロールトレイを水に浮かべて…。触っていないのに回転する不思議を体験してみましょう。

用意するもの
発泡スチロールトレイ、台所用の中性洗剤、バットなどの容器、水、綿棒

遊び方

1 発泡スチロールトレイを星の形に切り、印の2か所に綿棒で洗剤を塗りつけます。

2 水に浮かべると、星形の発泡スチロール板は自然に回転し始めます。

3 水に洗剤がとけていくと、次第に星の回転が悪くなっていきます。たらいの水を入れ替えてやり直してください。

科学の目
洗剤が水にとけだすと、その部分だけ水の**表面張力**が弱まります。その結果洗剤のない方向に動こうとするため、**回転運動**が起こります。

科学性Plus
星の形や、洗剤をつける場所を変えると、回転の仕方が変わったり、回転せず前に進んだりします。少しずつ変えて確かめてみましょう。

水がいちばん しみ込むのは どれかな？

Chapter 2 水のあそび

3歳〜小学生
一年中　屋内　手軽
関連→p.24

水をどんどん吸い込むよ
すごい！

紙やスポンジ、布などを水にたらし、水がどれくらいしみ込んでいくかを観察してみましょう。

用意するもの
ガーゼ、キッチンペーパー、段ボール紙、スポンジ、水、洗濯ばさみ、コップ、棒、クリップなど

遊び方

※スポンジははじめに水につかっている部分を指で押して、少し水を吸い込ませてから始めてください。

1
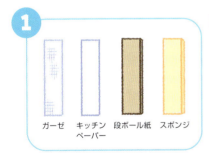
ガーゼ　キッチンペーパー　段ボール紙　スポンジ

水をしみ込ませるものを何種類か用意して、同じ大きさに切っておきます。

2

コップに水を同じ量入れて、水をしみ込ませるものをそれぞれ水面にたらします。

3
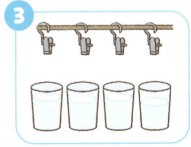

しばらくそのままにし、水がしみ込んでいく様子を観察します。しみ込ませたものを取り出して、コップの水がどれくらい減ったか、比べてみましょう。

科学の目
水に細い管を立てると水が管を上っていく現象を、**毛細管現象**といいます。紙などに水がしみ込んでいくのは、細かい隙間がたくさんあり、これが細い管と同じ役割を果たして、水が入っていくためです。

科学性Plus
コップに水を入れ、その隣に空のコップを置いてふきんをまたがせてみましょう。空だったコップの方に水が同じ高さになるように引っ越しします。2つのコップの高さを変えても、やってみましょう。

水が引っ越ししたよ

カラフルな花びら作り

3歳～小学生
一年中　屋内　こつがいる
関連→p.23

水でインクの色がにじんでいく変化と美しさを味わうあそびです。なぜかインクの色と違う色が現れることもあります。

インクがにじんで、模様ができたよ！

用意するもの
キッチンペーパー、※水性カラーペン（色違いのものを数種類）、ペットボトルのキャップ、水

遊び方

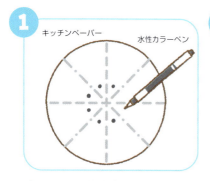

1 キッチンペーパーを丸く切り、放射状に折り目をつけて、カラーペンで図のような位置に点を描きます。

2 ペットボトルのキャップに水を入れ、❶を折って水に浸し、30秒ほど待ちます。

なぜか青い色が！

3 インクの色がにじむ様子を楽しんでください。もとの色と違う色が現れることもあります。

※同じ色でも製造メーカーによって成分が違う場合もあるので、うまくいかない場合はペンの種類を変えてみてください。油性ペンや水性顔料ペンは乾くと水にとけないので使えません。

🔍 科学の目

p.23の「科学の目」とあわせて理解してください。水性サインペンの色はいくつかの色素が混ぜられて作られています。水が**毛細管現象**によって紙にしみこんでいくとき、この色素も一緒に運ばれます。色素の種類によって、水に運ばれる速さが違うため、色が分かれて模様ができます。

美しさPlus

ペンの色や塗り方を少しずつ変えてみて、色や模様の出方を楽しんでみましょう。

ブクブク色水！

3歳〜小学生
一年中　屋内　こつがいる
関連→ p.50,73

Chapter 2
水のあそび

色水から泡が！浮き上がっていく！

色水が玉になって、ブクブクと浮き上がる様子を観察してみましょう。不思議な動きに目がはなせなくなります。

用意するもの
透明なコップ、色水（インクや水彩絵の具をといた水）、食用油、素 発泡入浴剤（ペレット状のもの）

※中身を捨てるときは下水に流さず、新聞紙などにしみ込ませて捨ててください。また、発泡剤から泡が出ている間は、破裂することがあるので、容器を密閉しないようにしてください。

遊び方

1

色水を作ってコップに入れます。

2

食用油をそっと注ぎ、2層に分かれるまで待ちます。

3

発泡入浴剤を1粒ずつ入れていって、色水の玉がぶくぶくと浮き上がる様子を楽しみます。

科学の目
水は分子同士で**引き合う力**が強いため、水だけでまとまってしまい、油とは混ざり合いません。油は比重が水よりも軽いため、水からはじき出されると上にたまるので2層になります。ここに発泡剤を入れると、泡によって下の層の水が、上の油の層まで押し上げられますが、混ざりあわずに下の水の層に戻っていきます。

美しさPlus
色水と食用油をペットボトルに入れて蓋をして、2層の動きを楽しむおもちゃにしても楽しめます。この場合、発泡入浴剤は使いません。

25

氷をとかすのは どれかな？

3歳〜小学生

気温が高い時期　屋内・外　こつがいる

どれが氷を
とかすのかな？

氷の上に素材の違うアイテムを置いて、どれが氷をとかして沈んでいくか、比べてみましょう。

用意するもの
氷（1Lの牛乳パックで作ったもの）、アイテム（金属製、木製、プラスチック製など）

遊び方

1

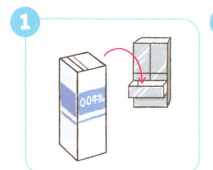

1Lの牛乳パックの空き箱に水を入れて、冷凍庫で凍らせます。

2

取り出した氷の上に、何種類かのアイテムを置きます。しばらくすると、アイテムが氷をとかして氷の中に沈んでいきます。

3

しばらく置いたら、アイテムごとにどれくらい沈んだかを比べましょう。

🔍 科学の目

温度が違う物同士がくっつくと、熱は高い方から低い方へ伝わります。物質の熱の伝えやすさ（**熱伝導率**）は材質によって異なり、熱伝導率が高い物質ほど氷をとかしやすいので、早く氷の中に沈んでいきます。

ゲーム性Plus

1人1つずつ「氷がとけそうなアイテム」を持ち寄り、誰のアイテムが氷を早くとかすか、競争してみましょう。

26

Chapter 3
シャボン玉のあそび

シャボン玉はどんな道具を使って作っても、表面張力によって丸くなります。いつもしているシャボン玉あそびは、実は科学の要素がいっぱい含まれているあそびなのです。

| 基本のあそび | シャボン玉を作ろう |

作り方を工夫したり、観察ポイントを変えてみたり、科学の"芽"を育てられる遊び方をしてみましょう。

ストローで、ふーっと吹いて…

吹く強さで大きさが変わるね

ペットボトルにあみを張って…

強く吹いてみよう！

あみを大きく動かして…

一度にたくさんできるよ

モールで、ふっと吹いて…

続けてたくさんできるよ

大きなシャボン玉ができるよ

ハンガーを大きく振って…

シャボン玉を手に乗せよう!

3歳〜小学生

春〜秋　屋内　手軽

割れずに手に乗ったよ

割れやすいシャボン玉も、ちょっとした工夫で手に乗せることができます。手の上でシャボン玉を観察してみましょう。

用意するもの
- シャボン玉液と吹き具、軍手

遊び方

※軍手がぬれすぎるとシャボン玉が壊れやすくなるので、新しいものと交換しましょう。

1 シャボン玉を作って、まず乾いた手で受け、どうなるか確かめます。

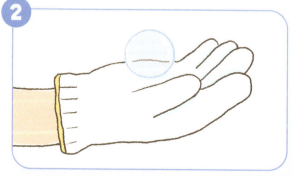

2 新しい軍手をはめた手で受けてみましょう。割れずに乗せられたら大成功!

科学の目

シャボン玉を乾いた手や紙で受けたとき、手や紙にシャボン玉液が広がって**膜が薄くなり**、割れてしまいます。軍手は、表面に細かい毛がたくさんあり、シャボン玉液がしみ込みにくいので、シャボン玉が割れにくくなります。

科学性Plus

シャボン玉の膜の色は、透明から赤や青、そして黄色に変わりながら、膜が薄くなって割れます。その様子を観察しましょう。

シャボン玉でアート作品！

Chapter 3 シャボン玉のあそび

3歳〜小学生
春〜秋　屋内・テラス　手軽

不思議な模様ができた！

絵の具入りのシャボン玉液でシャボン玉を作って、アートしてみましょう。思いもよらない作品ができるかも！

用意するもの
- シャボン玉液と吹き具、水彩絵の具、画用紙、水、コップ、絵筆

遊び方

1

画用紙／吹き具／色つきシャボン玉液

コップにシャボン玉液を分けます。絵筆に絵の具をつけてシャボン玉液の中で混ぜ、色つきシャボン玉液を何色か作ります。

2

画用紙の上にシャボン玉を吹いてみましょう。割れたシャボン玉が飛び散って、模様が描けます。

3

いろいろな色でやってみて、おもしろい模様ができたら完成です。乾かして飾ってください。

科学の目

シャボン玉は、シャボン玉液が薄い膜になり、中に空気が入ってふくらんでできています。このアートでは、紙の上に割れたシャボン玉の膜が作り出す模様が残り、**シャボン玉の構造**を見て楽しむことができます。絵の具を混ぜるときは、濃いめの色にすると、色がはっきり出てきれいな模様になります。

ひと工夫Plus

コップのシャボン玉液にストローで直接息を吹き込んで、ブクブクとできた泡でアートをしてみましょう。顔にシャボン玉がかからないように、長めのストローを使ってください。

29

シャボン玉を凍らせよう!

4歳〜小学生

冬　屋内・外　こつがいる

ガラスでできているみたい

ドライアイスの力でシャボン玉を凍らせたら…、ガラスでできたボールのような美しさに、みんな大興奮！

用意するもの
- シャボン玉液、吹き具、金属のトレー、
- ドライアイス（スライス型かブロック型のもの3kg）、発泡スチロールの箱（蓋つき）

※ドライアイスは非常に冷たいので、皮膚に触れないように気をつけてください。凍っていく過程で割れて崩れてしまったら、何回かチャレンジしてみてください。

遊び方

1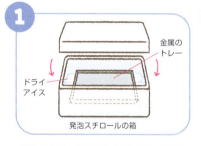

発泡スチロールの箱にドライアイスを入れ、その上に金属のトレーを置きます。ゆるく蓋をして、15分ほどそのまま置いておきます。

2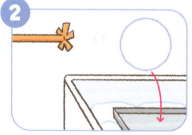

❶の蓋を取り、横からシャボン玉を吹いて、トレーの上に落ちていくようにそっと飛ばします。

3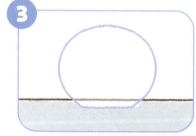

シャボン玉にドライアイスの冷たさが伝わって、氷のシャボン玉が完成します。

科学の目

ドライアイスは、二酸化炭素に圧力をかけて固体の状態にしたもので、**マイナス80℃**近くの冷たさになっています。氷よりもずっと冷たい温度で発泡スチロールの箱の中の空気を冷却するので、箱に入ったシャボン玉は冷やされて凍りはじめます。

科学性Plus

スマートフォンの録画機能で撮影してみましょう。スロー再生して、凍っていく様子を観察してみてください。

水の中のシャボン玉!?

3歳〜小学生
一年中　屋内　こつがいる

Chapter 3 シャボン玉のあそび

水の中の不思議なシャボン玉！
色水が入った泡ができた！

コップの水の中にできる小さなシャボン玉。その正体は、空気の膜に色水が包まれている「あべこべシャボン玉」なのです。

用意するもの
ガラスのコップ、水、インクか水彩絵の具、台所用の中性洗剤、ストロー

※ストローの液を落とす位置は水面から1〜2cmの高さです。できた水滴がすぐに割れてしまう場合は、洗剤液を少し薄めてみたり、落とす色つき洗剤水の量や高さを変えてみてください。

遊び方

1

1/3くらい分ける

ガラスのコップに水100mLを入れ、中性洗剤を5滴ほど加えて静かに混ぜます。1/3くらいを別の容器に分け、インクなどで色をつけます。

2
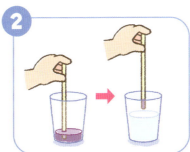

色つき洗剤水にストローを入れて指で蓋をし、そっと持ち上げ、無色の洗剤水の上にもっていきます。

3
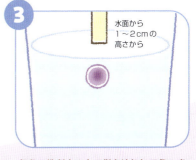
水面から1〜2cmの高さから

無色の洗剤水の上で指をはなして色つき洗剤水を落とすと、空気の泡に包まれた色つきシャボン玉液ができます。

🔬 科学の目
洗剤の成分である界面活性剤は、「水になじむ部分」と「水をはじく部分」からできています。このあそびでは、色つき洗剤水を垂らすと洗剤水の「水をはじく部分」が**空気の膜**を作り、水中に空気に包まれた水の玉ができます。

科学性 Plus
洗剤が入っていない水に色つき洗剤水を垂らしてみて、シャボン玉ができないことを確かめてみましょう。

31

割れにくいシャボン玉液を作ろう

レシピ1
市販のシャボン玉液を使って

用意するもの ＊作りやすい量です。

市販の 素 シャボン玉液 100mL、
ガムシロップ 25mL

❶ 市販のシャボン玉液に、ガムシロップを入れる。

❷ 泡が立たないようによく混ぜる。

※市販のシャボン玉液は、STマーク（玩具安全基準合格マーク）のついているものがおすすめです。
※ガムシロップを入れると、粘りが出て割れにくくなります。市販のシャボン玉液は、手軽で安全なので、ぜひ利用してみてください。

レシピ2
台所用洗剤を使って

用意するもの ＊作りやすい量です。

水 120mL、 素 洗濯のり 60mL、
台所用の中性洗剤 20mL

❶ 水に洗濯のりをとかす。

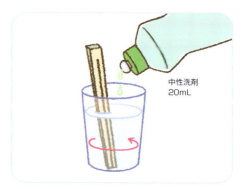

❷ ❶に、中性洗剤をゆっくりととかす。

※大きなシャボン玉も作れる、割れにくいレシピです。台所用洗剤には、合成界面活性剤が使用されていることが多いので、皮膚についたときはしっかりと洗うようにしてください。

32

Chapter 4

光のあそび

光は、常に身近にあるものですが、手でつかんだり持ったりすることはできません。幼児にとっては、知っていてもよく理解できないものです。影や虹、ものの見え方などを通して、光を感じてみましょう。

基本のあそび　光と影を追いかけよう！

科学的なねらいをもったあそびに入る前に、光そのものを感じるあそびをしてみましょう。単純なあそびでも、光がまっすぐ進むこと、遠くまで届くことが、あそびを通して理解できるはずです。

懐中電灯を使って光を追いかけよう

鏡を使って光を追いかけよう

影と遊ぼう

※反射した光が子どもの目に当たらないよう、気をつけてください。

色の光をミックスしよう

2歳〜小学生
一年中　屋内　手軽
関連→p.35

光の色は、3つの色の組み合わせからできています。懐中電灯を使って光を混ぜ合わせ、いろいろな色ができることを確かめてみましょう。

用意するもの
LEDライト（3本）、カラーセロハン（赤、青、緑）、輪ゴム（3本）

3色の光が混ざって、白くなった！

遊び方

1
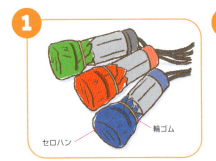
LEDライトの前部を、赤、青、緑のセロハンで覆って、輪ゴムで留めます。

2

白い壁などに2本ずつ光を当てて重ね、光の色を混ぜてみます。

3

他の色の組み合わせも試してみます。最後に、3色を重ねて白い色になることを確かめましょう。

科学の目
赤、青、緑の光は「光の三原色」と呼ばれ、この3色を合わせることでさまざまな色をつくることができます。

- 赤 ＋ 緑 → 黄色（イエロー）
- 赤 ＋ 青 → 赤紫色（マゼンタ）
- 青 ＋ 緑 → 水色（シアン）
- 赤 ＋ 緑 ＋ 青 → 白

科学性Plus
右の図のように色の重なりがわかるように光を当てると、色がつくられる仕組みがわかります。

34

影の色は何色?

Chapter 4 光のあそび

2歳〜小学生
一年中　屋内　手軽
関連→p.34

影なのに、色がついてる!

3色のライトで物を照らしたとき、当てる光の組み合わせによって、できる影の色が変わることを確かめましょう。

用意するもの
3色LEDライト（p.34で作ったもの）、人形など

遊び方

1 薄暗い部屋で、白い壁などの手前に人形を置きます。手前の3方向にライトを置きます。

2 まず赤いライトをつけて光を当て、後ろにできる影を観察します。

3 次に青、その次に緑のライトをつけて、影の色やまわりの光の色を観察してみましょう。

科学の目
p.34の「科学の目」とあわせて理解してください。3色のライトで物を照らしたとき、赤いライトの反対側にできる影は、赤い光が遮られ緑と青の光が混ざった色になり、水色になります。同じように緑のライトの反対側は赤紫色、青いライトの反対側は黄色の影になります。

楽しさPlus
大きなライトを使って自分の影に色がつくようにして、ダイナミックに楽しんでみましょう。

35

影絵で遊ぼう！

2歳〜小学生
一年中　屋内　こつがいる

影が大きくなったよ！

幻想的な雰囲気をもつ影絵で遊びながら光と影のしくみを考えてみましょう。

用意するもの
光源（懐中電灯、プロジェクターなど）、スクリーン用の白い布、身近な小物（人形、文房具、スプーン、おもちゃなど）

遊び方

1 薄暗い部屋に白いスクリーンを張り、後ろから光を当て、影を作って見せます。

2 物を置く位置を変えたりして、影の大きさや濃さの変化を楽しみましょう。

3 画用紙とセロハンを使って人形を作ると、より楽しめます。黒い画用紙を使うと、はっきりした影になります。

科学の目
光が遮られると影ができます。光源と、スクリーン、光を遮る物の位置関係で、影の大きさや輪郭のボケ方が変わるのを確かめてみましょう。セロハンを使うと、光を透過するものにも影ができることがわかります。

2〜3歳なら…
影を見せて、「これ、なーんだ？」と問いかけをしたり、手で形を作る方法を見せて、子どもたちが自分で影絵をつくるようにしてみましょう。

科学性Plus
影の大きさが変わるような映し方をして、光源と遮蔽物、スクリーンの距離と影の大きさや濃さの関係に気づくようにしましょう。

万華鏡を作ろう！

Chapter 4 光のあそび

3歳〜小学生 / 一年中 / 屋内・外 / こつがいる

鏡の反射を利用した、身の回りの物が美しい模様に見える不思議なおもちゃを作ってみましょう。

鏡って不思議！

用意するもの
素 ミラーシート、500mLの牛乳パック、ビニールテープ、毛糸、ビーズ、シールなど、スティックのり

遊び方

※万華鏡で物を見るときには、直接太陽を見ないでください。

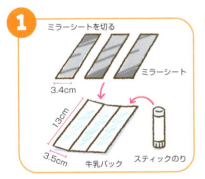

1 ミラーシートを切る / ミラーシート / 3.4cm / 13cm / 3.5cm / 牛乳パック / スティックのり

牛乳パックを図のように切り、3.5cm幅で折り目をつけ、その上に切ったミラーシートを貼ります。

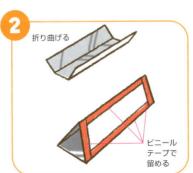

2 折り曲げる / ビニールテープで留める

ミラーシートを内側にして折り、つなぎめをビニールテープでとめて三角柱にします。外側をシールなどで装飾しても楽しいです。

3 花を見るとこう見えるよ

片側からのぞいてみましょう。周りの景色を見て、鏡の作用で物がいっぱい見えることを確かめてみましょう。

科学の目

複数の鏡が向き合うようにあるとき、互いに映し合い、鏡に映った像がたくさん見えます。3枚の鏡で正三角形を作ると、正三角形がきれいに並ぶように**像が無限に映し出される**ため、美しい模様が作り出されるのです。

ひと工夫Plus

透明なクリアファイルなどで蓋をして、中に毛糸やビーズなどを閉じ込め、より本格的な万華鏡を作ってみてもよいでしょう。

37

水をまいて虹を作ろう！

2歳〜小学生
春〜夏（晴天時）　屋外　手軽
関連→p.39

太陽の光が水滴の中を通ると虹ができます。天気の良い日に外に出て、水をまいて虹を作ってみましょう。

わあ！ 虹ができた！

用意するもの
散水ホース、霧吹き、水

遊び方

1 よく晴れた日の屋外で、霧吹きや散水ホースで水をまきます。

2 太陽のある場所を基準にして、いろいろな向きにまくのがポイントです。

3 どんな向きに水をまいたときに虹ができるかを観察してみましょう。虹が見えたとき、他の方向から見ても虹が見えるか、みんなで協力して確かめてください。

科学の目

太陽の光は、たくさんの色の光が集まってできています。太陽の光が霧吹きや散水ホースから出た小さな水滴に入って、反射して出るとき、**光の色によって屈折率が異なる**ため、水滴が**プリズムレンズ**と同じ働きをして光を分け、虹ができあがります。そのため、虹が見えるのは、自分の後ろに太陽があるときです。

科学性 Plus

水を張った水槽に鏡を入れ、太陽光を反射させることでも虹が作れます。試してみましょう。

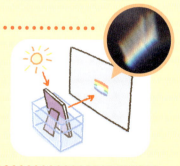

38

虹色模様が見える
ふしぎスコープ

4歳～小学生

一年中　屋内・外　こつがいる

関連→p.38

Chapter 4 光のあそび

分光シートという、光がいろいろな色に分かれる不思議なシートで、虹色の模様が見えるスコープを作ってみましょう。

どうして虹色に見えるのかな？

用意するもの
紙コップ（2個）、素 分光シート、黒い紙（折り紙、画用紙など）、セロハンテープ、プッシュピン

遊び方

※直接太陽に向けないように、気をつけましょう。

1 紙コップを2つ用意し、底の部分を図のように切り抜きます。
（底に1cm角の穴を開ける／底を切り取る）　A／B

2 紙コップをそれぞれ、図のAとBのように加工し、AとBを組み合わせます。
（3cm角の分光シートを貼る／黒い紙を貼った部分にプッシュピンで穴を開ける／黒い紙（12cm角）を口にかぶせセロハンテープで留める）

3 分光シートを貼った側から、明るい場所をのぞいてみましょう。きれいな虹色の模様が見えます。

🔍 科学の目
太陽や蛍光灯の光は、たくさんの色の光が集まってできています。**分光シート**を通るとそれぞれの色に分かれるので、**虹色**に見えます。

科学性 Plus
ピンで穴をあける形を変えて、光の見え方がどうなるか、試してみましょう。

39

びんの中に なにがある？

3歳〜小学生

一年中　屋内・外　手軽

関連→p.41

水を入れると…

つぶつぶビーズが透明に！

あるはずのビーズが見えなくなって、小さな人形がびんの中で浮いているように見える不思議な世界を楽しんでください。

用意するもの

蓋つきの広口びん、素 消臭ビーズ（一晩3倍量の水に浸しておく）、ビー玉、小さめの人形（消しゴムなど）、水

遊び方

※消臭ビーズを誤飲しないよう、気をつけてください。

1 びんの中に消臭ビーズを入れ、隙間に隠すように人形やビー玉を入れます。

2 ❶に、静かに水を注ぎ入れます。

3 消臭ビーズが見えなくなって、人形やビー玉が浮かんで見えるようになります。

科学の目

消臭ビーズは、高吸水性ポリマーという樹脂でできています。水を入れる前は空気とビーズの**屈折率**の違いでビーズが人形を隠し、よく見えません。屈折率が水とほぼ同じなので水を注ぐと水と区別がつかなくなり、中にある人形だけが浮かんで見えます。

ゲーム性Plus

ビーズの入った大きなびんに1人1つずつなにかを入れ、当てっこをしてから水を注ぎ、答え合わせをしてみましょう。

40

水に入れたら絵が消えた!?

3歳〜小学生
一年中　屋内・外　手軽
関連→p.40

Chapter 4 光のあそび

描いたはずの絵が消える不思議にびっくりするマジックです。

あれ？
絵が消えたよ？

用意するもの
白い紙（コップに縦に入る大きさ）、ファスナーつきビニール袋（紙が入る大きさ）、油性ペン、透明なプラチックコップ

遊び方

1 油性ペンで紙に絵を描いてビニール袋に入れ、コップに入れた水に沈めていきます。

2 斜め上から見てみましょう。

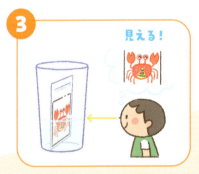

3 今度は真横から見てみます。絵はどう見えるでしょうか。

科学の目
袋に入れた絵が目に見えるためには、光が袋を**反射**せずに**透過**する必要があります。袋に入れた絵を斜め上から見たときに見える光は袋の表面で反射した光だけになるため、中の絵が見えなくなってしまいます。

科学性Plus
ビニール袋にも絵を描いてみましょう。中の紙に描いたカニは消えても、袋に描いた魚は消えずにはっきり見えます。

魚は見えるよ！

41

プログラミング教育を知っておこう

小学校で始まっているプログラミング教育。どのような準備をしておけばよいのでしょうか？

コンピューターを動かす際に欠かせないのがプログラム

　スマートフォンやゲーム機、家電製品、店のレジ、駅の改札口など、わたしたちの身の回りの多くの物にはコンピューターが備わっています。コンピューターをどう動かすのか書いたものが「プログラム」で、コンピューターは人が作ったプログラム通りに動いています。

　生活や仕事にコンピューターが欠かせなくなった今、子どもたちにもプログラムの基本を教えようということで、2020年から小学校のプログラミング教育が始まりました。

小学校では「プログラミング的思考」を育てることが目的

　プログラミングと聞くと、「難しそう」「わからない」と思いがちですが、小学校での目的は「プログラミング的思考を育てる」こと。プログラミング的思考とは、ある物事を効率よく、間違わずに行うにはどうすればよいか、順序や条件などを考えることです。

　子どもたちが、将来コンピューターをただ使いこなすだけではなく、コンピューターに何をさせるのか、そのプログラムも考えられるように、というねらいがあります。

プログラミングツールがなくてもプログラミング的思考は育める

　例えば日常生活でいうと、ひとつのあそびや勉強が終わる→片づける→テーブルを拭く→食器を並べる→食べる→片づける、という順番がありますが、これがプログラミング的思考にあたります。もしこれらをロボットが行うとしたら、正しい順序で行うようにプログラミングしないと、テーブルの上がゴチャゴチャになってしまいます。

　このように、プログラミング的思考は、生活のなかに当たり前のように存在しています。普段から、「もうすぐお昼ごはんだから、机の上の物を片づけようね」などと、次の活動のための準備、効率的な順番を子どもと考えたり、こまめに伝えたりすることが、プログラミング的思考につながっていきます。

　難しく考えず、このような言葉かけがプログラミングなのだと気楽に捉えましょう。

Chapter 5
空気のあそび

目に見えず、手でもつかめない気体は、物質の三態（固体・液体・気体）のうちでいちばん存在を認識するのが難しいものです。袋に入れたり、風の動きを感じたりすることで、気体の存在を感じてみましょう。

基本のあそび　空気や風を感じてみよう

空気や風を感じてみましょう。見えなくても存在しているものがあるということが、空気を理解するいちばんのポイントです。

外に出て、風に当たってみる

ビニール袋で空気を集めて口を閉じる

うちわであおいで風を起こす

線香の煙で風の流れを確かめる

ペットボトルの空気砲

0歳〜小学生
一年中　屋内　手軽
関連→p.45

ペットボトルとゴム風船を使って、口から空気がシュッと出る空気砲を作ってみましょう。目には見えない空気の存在を感じてください。

用意するもの
ペットボトル（250〜500mLのしっかりしたもの）、風船（12インチサイズ）、ビニールテープ

遊び方

1　ペットボトルと風船を、図のように切ります。風船の口を結びます。

2　風船の切り口をペットボトルの切り口にかぶせて、空気がもれないようにビニールテープで留めます。

3　風船のゴムを引っ張って手をはなすと、口からシュッと空気が出ます。

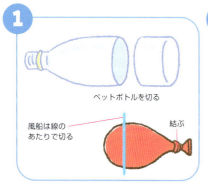

科学の目
引っ張ったゴムが縮むときにペットボトルの中の空気に**圧力**が伝わり、空気が押し出され、勢いよく飛び出します。

ゲーム性Plus
的を作って倒し、ゲーム的に楽しんでみましょう。

44

ポンと飛び出す空気鉄砲

3歳〜小学生
一年中　屋内　手軽
関連→p.44

Chapter 5 空気のあそび

空気の力で飛び出すんだよ！

ポンッ！

パイプに弾を詰めて、箸で押すだけ。圧縮された空気の力で、勢いよく弾が飛び出します。

用意するもの
透明な塩化ビニル製パイプ（内径10mmほどのものを長さ30cmくらいに切る）、発泡ポリエチレン丸棒（直径11〜12mmほどのものを長さ3cmほどに切る）、菜箸（またはパイプより細い丸棒）

遊び方

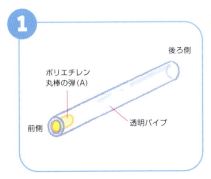

1 透明パイプの前側に、ポリエチレン丸棒の弾（A）を押し込みます。

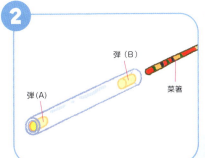

2 パイプの後ろ側にもう1つの弾（B）を押し込みます。

3 的に目がけてパイプを構え、弾（B）を菜箸で軽く押して、弾を飛ばします。

※弾がうまく飛ばないときは、弾を水で濡らしてやってみましょう。人に向けて飛ばさないように注意してください。

科学の目
空気が**圧縮**されると、もとの体積に戻ろうとする力（**空気圧**）が生まれます。ここでは、後ろの弾を箸で押しますが、前の弾を動かすのは後ろの弾そのものではなく、間にある空気です。

3歳以下なら…
弾が飛び出すときのポンッという音の気持ちよさを感じてください。

科学性Plus
後ろの弾が前の弾を直接押すのではなく、前後の弾の間にはさまっている空気が押すことに注目してみましょう。

ふわふわ飛ぶよ 風船ロケット

4歳〜小学生
一年中　屋内・外　手軽

ゆっくり上に向かってふわふわと飛んでいくよ

ゴム風船から噴き出す空気の勢いを利用したロケット。ゆっくり、ふわふわ飛んでいきます。

用意するもの
風船、ストロー、ビニールテープ、ボール紙

遊び方

1
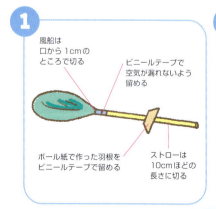

風船は口から1cmのところで切る
ビニールテープで空気が漏れないよう留める
ボール紙で作った羽根をビニールテープで留める
ストローは10cmほどの長さに切る

ストローと風船で、図のようなロケットを作ります。

2

ストローから息を吹き込んで風船をふくらませ、ストローの口を指で押さえます。

3

指をはなすと、ロケットがゆっくり飛んでいきます。

👀 科学の目
風船ロケットは、のびた風船が縮まろうとして空気を**押し出す勢い**を利用しています。重みで下がったストロー部分から下向きに空気が噴き出すので、その反対側になる上向きに飛んでいきます。

科学性 Plus
ストローの長さを変えたり、大きな羽根をつけたりして、どう作ったらよく飛ぶようになるのか、研究してみましょう。

Chapter 5 空気のあそび

乗ってもへっちゃら！風船マット

4歳〜小学生
一年中　屋内　こつがいる

空気いっぱいの風船！ふわふわだよ！

空気の力は思ったよりもずっと強いものです。座ってもつぶれない、風船マットを作ってみましょう。

用意するもの
風船（6個〜20個）、衣類やふとんの圧縮袋、掃除機

遊び方

1

風船にしっかり空気を入れます（ポンプを使ったほうが楽にできます）。

2

圧縮袋に風船同士がくっつき合うくらいの個数を入れます。形を整え、口を閉じて掃除機で吸い、空気を抜きます。

3

圧縮袋が風船にぴったりとくっついたらOKです。静かに上に座ってみましょう。

科学の目
風船が**割れる**のは、押された力でゴムがのびきって薄くなり、破れてしまうためです。このマットでは、伸縮性の低い圧縮袋の中で風船同士がくっつき合っているため、全体の強度が増して、割れにくくなり、空気が入っていることを**乗って感じる**ことができます。

楽しさPlus
できるだけたくさんの風船をふくらませて、子ども用ふとんぐらいの大きさのマットを作ってみましょう。ふわふわで、寝転がっても割れないマットができあがります。

47

ドライアイスで もくもく体験

3歳〜小学生

一年中　屋内・外　手軽

関連→p.49

これって煙なの？ブクブクでもくもくだぁ！

ドライアイスは、固体から液体にならずに、いきなり気体になる不思議な物質です。このときに煙のようなものができるのを観察しましょう。

用意するもの
ドライアイス、水、厚手のビニール袋、ボウル、新聞紙、木づち、軍手

※ドライアイスはマイナス80℃近い低温で、直接触ると凍傷を起こします。軍手をするなどして、袋越しでも肌に触れないように気をつけましょう。

遊び方

1
ボウルに水を入れ、ドライアイスを投入します。ブクブクと泡や煙のようなものが出る様子を観察します。

2
次に、ドライアイスの塊を新聞紙で巻いてビニール袋に入れ、木づちなどでたたいて砕きます。この破片をティースプーン2杯分ほど別のビニール袋に入れ、空気を抜いて口をしばります。

3
ビニール袋を軽く振って、二酸化炭素が発生して袋がふくらんでいく様子を観察します。

科学の目
ドライアイス（固体の二酸化炭素）は、固体から液体にならず、いきなり気体へ変化する珍しい物質です。❶で見られる白い霧のようなものは、粉末状の氷が発生した二酸化炭素の中を漂っているものです。❸で袋がふくらむのは、ドライアイスが気体の二酸化炭素になり、体積が大きく増えるためです。

3歳以下なら…
大人が白い霧を発生させ、風を送り、流れるような動きを見てみましょう。

美しさPlus
白い霧に、セロハンを巻いたライトの光を当ててみましょう。

青い光を当てたよ！

48

泡あわでふくらむの？

3歳〜小学生
一年中　屋内・外　手軽
関連→p.48

Chapter 5 空気のあそび

炭酸水の力で風船がふくらんだよ！

炭酸水で二酸化炭素を作って、風船がふくらむ様子を観察してみましょう。

用意するもの
炭酸水（無糖、強炭酸）、ペットボトル、風船、ビニールテープ

遊び方

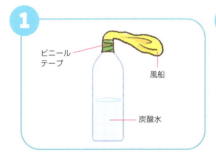

1 炭酸水が半分ぐらい入った状態のペットボトルに、すばやく風船をかぶせ、ビニールテープでしっかり留めます。

2 ペットボトルを軽く振ると、炭酸水からたくさんの泡が出ます。

3 だんだん風船がふくらんでいくので、その様子を観察します。

🔍 科学の目
炭酸水は二酸化炭素をとかした水です。**とけている二酸化炭素**の量は、体積にして水と同じくらい。ペットボトルに入れて振ると、とけている二酸化炭素が気体となって出てきて風船をふくらませるので、その量が実感できます。

科学性 Plus
p.50の入浴剤と同様に、重曹とクエン酸を水に混ぜても、同じように二酸化炭素が発生し、炭酸水を作ることができます。試してみましょう。

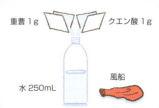

重曹1g　クエン酸1g　水250mL　風船

49

シュワシュワ入浴剤を作ろう

3歳〜小学生

一年中　屋内　こつがいる

関連→ p.25, 73

お湯に入れると…

シュワ〜！

発泡入浴剤は、なんと自分で作れるんです。プレゼントにしても喜ばれますよ。

用意するもの

重曹（ティースプーン山盛り2杯）、クエン酸（ティースプーン山盛り2杯）、無水エタノール、食用色素ごく少量、スプーン、プラスチックコップ、ラップフィルム

遊び方

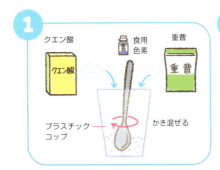

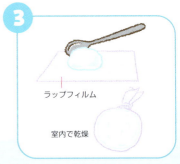

1. 重曹とクエン酸をプラスチックコップに入れ、よく混ぜ合わせます。色づけする場合は、ここで食用色素を少量加えます。

2. 無水エタノールを15滴（0.6mL）ほど加えて、全体がしっとりするまでよく混ぜ合わせます。

3. ラップフィルムで包んでぎゅっと丸め、そのまま1日置いたらできあがり！ 水やお湯に入れ、泡が出る様子を観察しましょう。

科学の目

重曹（炭酸水素ナトリウム） と **クエン酸** の粉末を合わせたものに水が加わると、反応が始まり、**二酸化炭素** が発生します。発泡入浴剤はこの反応を利用したものです。

3歳以下なら…

入浴剤をお湯に入れて、泡が出る様子を楽しみましょう。

楽しさ Plus

粘土の型を使って形を変えたり、アロマオイルを入れるなど、オリジナルの入浴剤を作ってみましょう。

Chapter 6

音のあそび

わたしたちの身の回りにある音は、空気が振動することで発生します。音を科学的に体感するために、振動に注目して遊んでみましょう。

基本のあそび

音を感じてみよう！

科学的なねらいをもったあそびに入る前に、音を感じるあそびをしましょう。自分の声や楽器などで、音の大小や音色を聞き比べる体験をしましょう。楽器を使ったときに「ものが震えている」ことに気づけると、この先の理解につながっていくでしょう。

たたいてみよう どんな音？

0歳〜小学生
一年中　屋内・外　手軽

たたくものによって…音が違うね

いろいろな物をたたいて、音を聞いてみましょう。たたく物が違うと、出る音が違うのはどうしてか、考えてみましょう。

用意するもの
木の棒、洗面器、バケツ、プラスチックのコップ、紙コップ、クッション、ガラスのコップなど

※ガラスのコップは割らないように、そっとたたいて下さい。

遊び方

1 木の棒でバケツや洗面器などをたたき、音を確かめてみましょう。クッションもたたいてみます。音が出にくい物があることにも気づきましょう。

2 バケツに水を入れ、空のときと音を比べてみましょう。同じ物でも、中に物が入ると音が変わります。

科学の目
音は**物体が振動**することによって発生します。たたく物の材質や大きさ、たたく強さによって、振動のしかたが異なり、出る音も変わってきます。そのことを確かめてみましょう。

科学性 Plus
量の違う水を入れたコップを並べて、金属のスプーンでそっとたたきます。楽器のように楽しんでください。

52

声でヘビを踊らせよう！

3歳〜小学生

一年中　屋内　手軽

関連→p.54,55

Chapter 6　音のあそび

音の振動を利用したあそびです。
声の高さや大きさを変えて、ヘビに
すてきなダンスを踊らせてください。

声を出すと…

わぁ、動いたよ！

用意するもの
紙コップ（2個）、モール（5cmほど）

遊び方

1

紙コップの底より二回り大きく印をつけて、はさみなどで切り抜く
横向きに差し込む

紙コップ2個で、図のようなものを作ります。

2
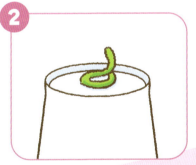
モールをペンなどに巻きつけ、ヘビの形を作り、コップの底に乗せます。

3

あ〜っ

横向きのコップに向かって、声を出してみましょう。ヘビはどうなるでしょう。

科学の目
声が**空気を振動**させ、その振動がコップに伝わってヘビが動きます。声の大小や高低を変えると振動が変わり、動き方も変わります。うまくいくと、ヘビがくるくると踊るように回転します。

違う素材で！
ヘビの代わりに塩を乗せると、塩が跳ねる様子を楽しめます。

宇宙人になれる ボイスチェンジャー

2歳〜小学生

一年中　屋内　手軽

関連→p.53,55

ふつうに話してるのに声が変わった！

自分の声がビリビリした宇宙人の声みたいになっちゃう、楽しいおもちゃを作って、みんなでお話しましょう。

用意するもの
紙コップ、アルミホイル、輪ゴム

遊び方

1

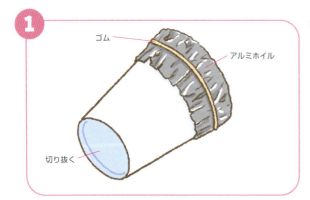

紙コップで、図のようなものを作ります。

2

ワレワレは宇宙人だ

切り抜いた底のほうに口を当てて声を出すと、ビリビリした不思議な声になります。宇宙人になりきって遊びましょう。

👀 科学の目

声は、人ののどの奥にある「声帯」という場所が震えて起きます。このおもちゃでは、**声の振動**が空気に伝わり、それがぶつかった素材を振動させ、音色の違う音になります。アルミホイルの場合、声がビリビリとした音に変わるため、宇宙人の声のように聞こえます。

違う素材で！

アルミホイルの代わりに、ラップフィルムやトレーシングペーパーを張って、声がどのように変わるかを比べてみましょう。

ラップフィルム　トレーシングペーパー

Chapter 6 音のあそび

糸電話で お話しよう！

1歳〜小学生　一年中　屋内　こつがいる

ばねで作った糸電話、もしもし… 聞こえる？

紙コップなどで、簡単に作れる糸電話。作りながら声が伝わるしくみも探ってみましょう。

用意するもの
紙コップ（2個）、たこ糸、セロハンテープ、つまようじ、スズランテープ、プラスチックのばね、細い針金

遊び方

※たこ糸がピンと張っていなかったり、途中で糸が物に触れていると、声が聞こえません。ばねはたるんでいても聞こえます。

1 底の中心に、ようじで穴をあけ、たこ糸を通す

（内側）折ったようじに糸を結んでセロハンテープで留める

紙コップに穴を開け、たこ糸でつなぎ、糸電話を作ります。

2

たこ糸はピンと張っている状態で、話す側はコップを口に当て、聞く側は耳に当てて、話をします。

3

たこ糸を、ばねや針金に変えたもので、聞こえ方を比べてみましょう。

👀 科学の目

声は空気を**振動**させます。糸電話は、**声の振動を糸で伝える**ことで、声が届くようになしくみになっています。糸を押さえて振動を止めると、声も聞こえなくなることを確かめてみましょう。

ゲーム性Plus

糸やばねの途中をつまんでみましょう。聞こえ方はどうなるでしょう？

もしもし…　あれ、聞こえなくなった

55

科学の"芽"を育てるヒント①
こんな行動にどう対応する？

大人のちょっとしたひと言が、子どもの科学の"芽"を大きく育みます。子どもの気づきや疑問、なに気ないつぶやきをキャッチして、そこから科学の視点や興味を広げる関わりを。大人も一緒に楽しみながら 科学の"芽"を育てましょう！

もっと詳しく聞いてみよう！

子どもが何かに興味をもっていたら、大人は「よかったね」だけで終わらせず、「他にもいるかな？」「どの木に？」「どんな色？」「どこへ行った？」と色や形の違い、数、場所、動きなどについて質問してみましょう。それだけで対象への関心がより深く、幅広くなります。

いたずらしているように見えても

いたずらしているように見えるときが、じつは科学の芽が育っている瞬間ということも。水道で周りがビシャビシャ…というときは止めたくなりますが、子どもは水やキラキラする光に注目して遊んでいるのかも。いきなり止めず、「どうしたの？」「何があった？」など楽しみを共有して。

間違っていることを言っても まず受け止めて

勇気を出して話した考えを否定されると、子どもはそのあとに発言する意欲をもてなくなります。まず「そうなの？」と受け止め、そのあとに「でも、それはどうして？」と子どもが違いに気づくような声かけを。

子どもの質問に 答えられなくても OK!

大人にも正解がわからないことが多々ありますが、それでも問題ありません。「調べてみようか？」「図鑑に載っているかな？」と一緒に探せば、自分で調べる方法がわかります。

Chapter 7
しかけのあそび

私たちの身の回りの動きから物理的な仕組みを考えるあそびです。身近なものの科学性に気づくきっかけにしてください。

| 基本のあそび | ゴムやばねなど、身近なものを探してみよう！ |

科学的なねらいをもったあそびに入る前に、身近なもので、おもしろい動きをするものを探してみましょう。その動きが、どのように生活の役に立っているかを考えてみると、しかけへの理解が深まっていくでしょう。

のび縮みするものを探そう

バインダーとペンをつなぐゴム

帽子のゴムひも

くっつくものを探そう

靴のマジックテープ

ホワイトボードのマグネット

もとにもどるものを探そう

洗濯ばさみ

ホチキス

閉じ開きするものを探そう

ポリ袋のチャック

洋服のファスナー

磁石で作ろう！

2歳〜小学生

一年中　屋内　手軽

触ってないのに人形が動くよ！

磁石が鉄を引き寄せる力は、紙などに遮られていても働きます。その力を利用したおもちゃを作ってみましょう。

用意するもの
素 磁石、画用紙、ゼムクリップ、空き箱、割り箸、セロハンテープ

遊び方

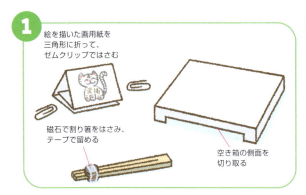

1 絵を描いた画用紙を三角形に折って、ゼムクリップではさむ
磁石で割り箸をはさみ、テープで留める
空き箱の側面を切り取る

絵人形と空き箱の台を作ります。絵人形はクリップで留め、割り箸には磁石を貼りつけます。

2 空き箱に紙人形を乗せ、空き箱の下から割り箸を差し込みます。割り箸を動かして、紙人形を動かしましょう。

🔍 科学の目

磁石にくっつく金属は、身近なものでは鉄だけです。他の金属やプラスチックのクリップでもできるか確かめてみましょう。また、磁石には**N極**と**S極**という2つの極があり、2つの極を近づけると互いに引き合ってくっつきます。N極とN極、S極とS極のように同じ極を近づけると反発して離れようとします。

科学性 Plus

絵人形にも磁石をつけてみます。割り箸の向きを替えると、くっついたり反発したり、絵人形の動きが変わり、磁石のもう一つの性質がわかります。

58

戻ってくるボールあそび

Chapter 7 しかけのあそび

2歳〜小学生
一年中　屋内・外　手軽
関連→p.60

のびたら縮むゴムの性質を利用して、簡単なあそびをしてみましょう。

用意するもの
やわらかいボール（カラーボールなど）、強力な粘着テープ、平ゴム（遊ぶ場所に応じた長さ）

遊び方

1

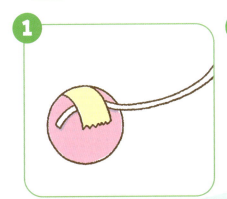

柔らかいボールに、粘着力の強いテープで平ゴムを貼ります。

2

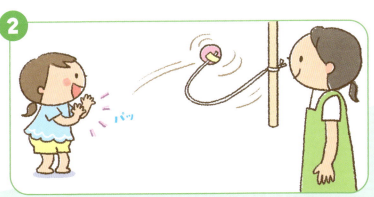

ゴムの端を固定できるところに結びます。ボールを引っ張ってゴムをのばし、手をはなして、ボールの動きを観察しましょう。

科学の目
ゴムには、のびたら縮む性質（**弾性**）があります。この弾性は、引っ張ってのばしたときだけでなく、ねじれたときもそれを戻そうとする力になります。

楽しさPlus
ゴムを上から垂らした状態でボールを下に引っ張って、手をはなしてみましょう。ボールの上下の動きを楽しみましょう。

59

コトコト歩くよ紙コップ人形

2歳〜小学生
一年中　屋内　こつがいる
関連→p.59

輪ゴムと乾電池、紙コップで、コトコトと歩く人形のおもちゃを作ってみましょう。

用意するもの
紙コップ2個、単3乾電池、輪ゴム3本、画用紙、セロハンテープ

遊び方

1

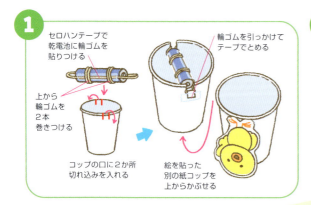

- セロハンテープで乾電池に輪ゴムを貼りつける
- 上から輪ゴムを2本巻きつける
- コップの口に2か所切れ込みを入れる
- 輪ゴムを引っかけてテープでとめる
- 絵を貼った別の紙コップを上からかぶせる

輪ゴムと乾電池、紙コップを使って図のようなしかけを作ります。コップに顔や動物を描いたり、絵を描いた紙を貼りましょう。

2

コップを下に押しつけるようにして、10cmくらい後ろに引っ張ってから、手をはなしてみましょう。人形がコトコトと動きます。動き方を観察してみましょう。

🔍 科学の目

ゴムの弾性の、**ねじれ**たときに戻ろうとする力を使ったおもちゃです。乾電池の適度な重さによって重心が下になって倒れにくく、乾電池に巻いた輪ゴムが接触する面との摩擦を大きくするので、空回りせずに面白い動きを作り出します。

科学性 Plus

乾電池の大きさや輪ゴムの長さや太さ、紙コップの大きさを変えてみて、動き方がどう変わるか調べてみましょう。

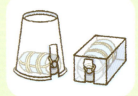

ゆらゆら揺れる おきあがりこぼし

0歳〜小学生
一年中　屋内　手軽
関連→p.62

Chapter 7
しかけのあそび

押すだけで ゆらゆら揺れてる!

左右から押してみると、ゆらゆら揺れてもとに戻るおなじみのおもちゃです。簡単に作れて、みんなで遊べます。

用意するもの
粘着テープ、おもり（ビー玉など）、粘土、画用紙、セロハンテープ、クレヨンやカラーペン

遊び方

1

粘着テープ／粘土で安定させる／ビー玉

粘着テープの芯の内側にビー玉を粘土に乗せてテープで固定します。

2

動きを見ながら、おもりの量を調整し、絵を描いた画用紙を貼って完成です。

3

横から指で軽く押して、ゆらゆらした動きを楽しみましょう。

🔬 科学の目
物体には「**重心**」という釣り合いのとれる点があります。このおもちゃでは、おもりをつけたことで重心が粘着テープの芯の中心からビー玉の方に移動し、その場所を下にしようと重力が働き、揺れるような動きをするようになります。

科学性 Plus
おもりの下に発泡スチロールなどをはさんで、重心の位置を上げてみましょう。動き方がどう変化するか観察してみて下さい。

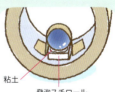
粘土／発泡スチロール

61

やじろべえと天秤を作ろう

3歳～小学生
一年中　屋内　こつがいる
関連→p.61

ゆらゆらと揺れながらバランスをとるやじろべえ。作っているうちに、どうしたらバランスをとれるかわかってきますよ。

ゆらゆらゆれる～!

用意するもの

やじろべえ：割り箸や竹ひご（15cmぐらいのもの2本）、つまようじ（5cmぐらい1本）、おもりと本体（粘土）

天秤：ラップフィルムの芯、紙コップ2個、たこ糸

※やじろべえが安定しない場合は、腕を長くしたり足を短くしたりして、おもりが足よりも下になるように調整してみましょう。天秤は、中央のたこ糸が中心になることが大切です。

遊び方

1
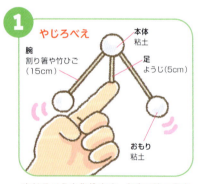
やじろべえを作ります。左右の腕の長さを変えてみたり、おもりの大きさを変えて、バランスがとれるかどうかを確かめてみましょう。

2
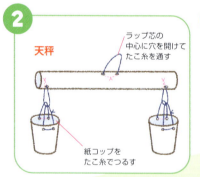
天秤を作ります。左右でバランスがとれるように、調整しながら作りましょう。

3

左右の紙コップにいろいろな物を入れて、どちらに傾くか調べてみましょう。

科学の目

やじろべえの指で支えている部分と天秤の中心のたこ糸の部分が支点となって、左右の腕とおもりの釣り合いでゆらゆら揺れます。**重心**（バランスをとれる点）が支点より下にあることで、揺れてもバランスを保つことができます。

数への興味 Plus

天秤に物を入れる際に、数を数えながら入れてみましょう。記録をつけるなどしても、数への興味が出てきます。

62

潜る魚の水族館

Chapter 7 しかけのあそび

3歳〜小学生　一年中　屋内　こつがいる

ぎゅっと握ると…　あっ！ 沈んだ！

ペットボトルをぎゅっと握ったり、力をゆるめたり…。あれれ？ 中の魚が潜ったり浮かんだり。不思議な水族館を作ってみましょう。

用意するもの
炭酸飲料のペットボトル、魚形のしょう油入れ、ナット（または針金）、油性カラーペン

遊び方

1 蓋のあった部分にナットをねじ込む／ナットの代わりに針金を巻いてもよい

しょう油入れの蓋を取り、代わりにナットをねじ込んで、魚を作ります。油性カラーペンで、魚に色をつけましょう。

2 尾が水面から半分くらい出るように1/3〜1/2くらい水を入れる／蓋／ペットボトル

❶の魚に水を入れる。ペットボトルに水をいっぱいに入れ、❶の魚を入れて、ペットボトルの蓋をしめます。

3 握ると魚が沈んでいく／はなすと魚が浮かんでくる

ペットボトルをぎゅっと握ったり力をゆるめたりすると、どうなるでしょう。

🔬 科学の目

これは、「浮沈子（ふちんし）」と呼ばれるおもちゃです。ペットボトルを握ると、中のしょう油入れにも圧力が加わり、しょう油入れの中の空気が圧縮されて体積が小さくなります。その分浮力が減り、さらに水が入り込むため、沈みます。力をゆるめると、しょう油入れの中の空気はもとの体積に戻り、浮力が戻るので浮き上がります。

科学性Plus

入れる水の量を少しずつ変えたしょう油入れを3〜4個入れ、沈み方に違いが出るかを試してみましょう。

63

くっつく風船

3歳～小学生

秋～冬　屋内　手軽

関連→p.65

髪の毛やセーターで風船をこすると…。風船が服や体にくっついてはなれません。壁や天井にもくっついちゃいます。誰でもできる手品のようなあそびです。

用意するもの
ふくらませたゴム風船、セーター（ウール製）

※湿度が少なく乾燥した季節の方が、静電気は起きやすくなります。また、髪の毛や体が汚れていたり、汗や油がついていると、静電気が起きにくくなります。

遊び方

1

風船をセーターや髪の毛にこすりつけてから、手をはなしてみましょう。

2

くっついていた風船を手のひらに乗せて、そのまま下に向けてみましょう。

3

手についた風船を壁にそっと近づけてみましょう。

科学の目

服や体に風船をこすりつけると、風船の表面は**マイナスの静電気**が集まります。服や体の表面は**プラスの静電気**が集まっているため、磁石のように**引き合ってくっつきます**。異素材の方が引き合う力が起こりやすいので、風船（ゴム）に対しては、アクリル製のものよりも動物性の素材であるウール製のものの方が、静電気がよく発生します。

ゲーム性Plus

みんなで協力して、一人の人にいくつ風船がくっつけられるかチャレンジしてみましょう。

空を飛ぶクラゲ

3歳～小学生

秋～冬　屋内　手軽

関連→p.64

Chapter 7　しかけのあそび

静電気には
はなれるものもあるんだって！

飛んだ！

スズランテープで細い足がいっぱいのクラゲを作り、静電気の力を使って、空中に飛ばしてみましょう。

用意するもの
細長い風船、スズランテープ、竹串、ティッシュペーパー

遊び方

1 スズランテープ（5cm）を3～4本／竹串を使って細かく裂く

スズランテープ3～4本を結び、細かく裂いて、クラゲを作ります。

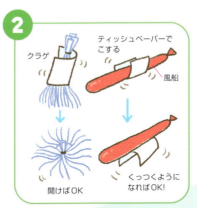

2 クラゲ／ティッシュペーパーでこする／風船／開けばOK／くっつくようになればOK！

細長い風船とクラゲをティッシュペーパーで別々にこすり、静電気を起こします。

3 ふわーっ

風船をクラゲの下から近づけ、空に飛ばしてみましょう。

科学の目
静電気には、**引き合う性質**と**反発し合う性質**があります。p.64のあそびが引き合う性質を利用しているのに対し、このあそびは反発し合う性質を利用しています。風船もクラゲもマイナスの静電気で表面が覆われるため、反発し合う力で空中に逃げていきます。

ゲーム性Plus
何人かで並んで、それぞれ長い風船をもち、隣へとクラゲを飛ばしながら送っていくリレーをしてみましょう。

65

科学の"芽"を育てるヒント② こんなつぶやきになんて言う？

子どもの気づきや疑問、なに気ないつぶやきをキャッチして、そこから科学的な視点や興味を広げる関わりを。大人も一緒に楽しみながら科学の"芽"を育てましょう！

霧吹きで遊んでいて、「出ない…」（1歳児）

「どこか動くところはないかな？」と働きかけ、まずは自分でいろいろ調べてみることを促します。見つけられないときは、さらに噴射口を指さして、「ここを回してごらん」と声をかけましょう。

ハンドソープのシャボン玉「見て！ 虹があるよ！」（2歳児）

「よく見つけたね」と受け止め、「虹が動くね」「また作れる？」と、観察や挑戦する気持ちを大切に。「他の所でも見えるかもしれないね、また教えてね」と続けてもいいかもしれません。

雨上がり、葉が茂る木を見つけて、「葉っぱのトンネルだね」（4歳児）

「本当にトンネルみたいね」と受け止め、さらに「どうしてここはぬれていないのかな？」「他にもトンネルになっているところ、ある？」など、地面の様子にも目を向けられるように声をかけてみましょう。

かぶとむしを見て、「どうして成虫は木にいるのに、幼虫は土の中にいるんだろう？」（5歳児）

「〇〇くんはどうしてだと思う？」と考えを聞き、正しいかどうかではなく、その答えを受け止めて、「じゃあ、図鑑で調べてみよう」と調べる方法を導くとよいでしょう。

Chapter 8

食育あそび

食べ物の素材を知ること、また「調理」という形で起こる変化を知ることは、まさに科学です。クッキングを通して科学の"芽"を育んでみましょう。

| 基本のあそび | 今食べているのは、どんなもの？ |

食材に触れたとき、何かを食べるとき、よく見て触れて、味わって食べてみましょう。
「なぜ？」「どうして？」という気持ちの積み重ねが、科学的な理解につながっていくはずです。

とても簡単！漬物作り

2歳〜小学生
一年中　屋内　手軽

塩の力でじわーっと水が出る

野菜を切って、塩を振ってもむだけ！塩の力によって、野菜から水が出てくる様子を観察してみましょう。

用意するもの
野菜（きゅうりやにんじんなど）、塩、ビニール袋

遊び方

1 野菜を食べやすい大きさに切ってビニール袋に入れ、塩をふって袋の上からもみます。

2 しばらく置いておくと、野菜から水気が出てしんなりします。生で食べたときとは、食感が違うことを確かめてみましょう。

科学の目
濃度の違う物質がくっつき合っていると、同じ濃度になろうとして水分を移動させる力が生まれます。これを**浸透圧**と言います。このしくみで野菜の中にある水分が外に出てきて、野菜がしんなりします。

3歳以下なら…
大人と一緒に作って、完成した漬物を味わいましょう。

科学性Plus
葉ものの野菜と根菜では、出てくる水の量が違うことも観察してみましょう。どの野菜がいちばん水が出てくるかをクイズにしても、楽しめます。

浮かぶかな？沈むかな？

0歳〜小学生

一年中 屋内 手軽

関連→p.25

Chapter 8 食育あそび

どれが浮かぶ？ どれが沈む？

いろいろな果物や野菜を水に入れてみましょう。種類による違いを知ることで、食材に親しんでください。

用意するもの
水槽（大きな鍋や清潔なバケツでもよい）、水、いろいろな果物や野菜

遊び方

1

用意した果物や野菜を、1つずつ水槽の水に入れてみます。どれが浮かびどれが沈むか観察してみましょう。

2

果物や野菜を半分に切ったら？ 皮をむいたら？ 丸ごとのときと、結果が変わるか観察しましょう。

 科学の目

物が水に浮くか沈むかは、**比重（密度）**によって変わります。水より比重の小さいものは浮き、大きい物は沈みます。また、水と比重がほとんど同じものは、水中を漂うような様子が見られます。同じ種類の果物でも糖度によって比重が変わるため、浮き方や沈み方が変わります。

科学性 Plus

コップにかき氷シロップを入れて、炭酸水を静かに注ぎ入れると、きれいに2層に分かれます。カットした果物を入れ、どこに浮くかを確かめましょう。

69

ゼリーを作ろう！

2歳～小学生　一年中　屋内　こつがいる
関連→p.14,71

ゼラチンでジュースが固まるんだって！

ゼラチンを使って、ゼリーを作ってみましょう。簡単に作れて、ぷるぷるとした食感が楽しめます。

用意するもの（1個分の量×人数分）
ジュース 80mL、砂糖 20g、粉ゼラチン 2.5g

遊び方

※ゼラチンに対するアレルギー対策が必要な場合は、寒天を使用してみてください。

1

鍋にジュースと砂糖を入れて火にかけ、沸騰する前に火を止め、ゼラチンを入れて混ぜます。

2
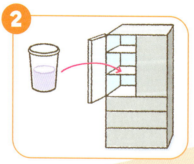
コップなどに入れて、冷蔵庫で2時間以上冷やして、できあがり。

3

ぷるぷるした食感を味わってください。

科学の目
ゼラチンは動物の体をつくっているたんぱく質から取り出した物質です。冷えることにより**網の目のような構造**になり、水分を閉じ込めてゲル状になり固まります。水に対するゼラチンの量で、固さが変わります。

同じ材料で…
同じ作り方で、ゼラチンの量を3～4倍にすると、ゼリーよりも固くなります。小さな型に入れて、グミを作りましょう。

70

Chapter **8** 食育あそび

作れるかな？
こんにゃく

3歳〜小学生

一年中　屋内　こつがいる

関連→p.70

水がいっぱい！
ぷるぷるの
こんにゃく！

こんにゃく精粉（こんにゃく粉）を使って、こんにゃく作りをしてみましょう。簡単に作れて、ぷるぷるの感触を楽しめます。

用意するもの
こんにゃく精粉、食用石灰、（分量は製品で確認）、大なべ（容量3Lぐらいのもの）、木べら、バット、水

遊び方

※製品により作り方が異なります。製品の作り方に従って下さい。

1

こんにゃく精粉

80℃の湯にこんにゃく精粉を少しずつ入れ、木べらでかき混ぜます。水を吸って全体がのり状になったら、1時間ぐらいおきます。

2

食用石灰

❶を木べらで練り、全体が混ざったら、水にといた食用石灰を入れ、すばやく混ぜます。つるつるした感じからのり状に変わったら、手で丸めてバットに並べます。

3

20分ほど置いたら、たっぷりの湯でゆで、浮いてきたらできあがりです。みそなどをつけて食べましょう。

科学の目
こんにゃくいもの主成分は、グルコマンナンという水を吸収しやすい物質で、30倍以上の重さの水を吸収します。食用石灰を加えると、グルコマンナン同士が結合して網の目のような構造になり、水を含んで**ゲル状**になります。加熱しても網の目が崩れないところが、ゼラチンと違う点です。

違う材料で…
しくみは違っても、水を吸収する他の食材を体験してみましょう。乾燥わかめやひじきなどを使うと、1〜2歳児でも体験できます。

71

ふわふわ ホットケーキ

3歳〜小学生　一年中　屋内　こつがいる

重曹があるからふわふわになるの！

ホットケーキがふわふわになる秘密は、重曹にあります。だんだんとふくらんでいく様子を観察しながら作ってください。

用意するもの （4枚分）

薄力粉200g、重曹（食用）小さじ1杯、卵1個、牛乳150mL、砂糖60g、サラダ油適量、ボウル、フライパン

遊び方

1 ボウルに薄力粉と重曹を合わせてふるい入れ、ときほぐした卵、牛乳、砂糖を加えて粉っぽさがなくなるまで混ぜます。

2 フライパンを温めてサラダ油を引き、生地を流し入れて弱火で焼き、プツプツと空気が出てくるところを観察しましょう。

3 ひっくり返して裏面も焼きます。表面が乾いた感じになったら、できあがりです。

科学の目

重曹（炭酸水素ナトリウム）は**加熱することで分解**され、二酸化炭素が発生します。この二酸化炭素がホットケーキの生地をふくらましてくれます。

科学性 Plus

パンにも穴があいています。パンの穴はイースト菌による発酵で二酸化炭素が作る穴です。食べるときに、中に空気の穴があいていることを確認しましょう。

シュワシュワラムネ作り

Chapter 8 食育あそび

4歳〜小学生
一年中　屋内　こつがいる
関連→p.25,50

重曹とクエン酸で…シュワ〜っとする

クエン酸と重曹で、すっきりした味わいのラムネを作れます。シュワシュワする泡が口の中で出るのが、すっきりの秘密です。

用意するもの

粉糖 50g、コーンスターチ 10g、素 食用色素ごく少量、水小さじ 1/2〜1杯、素 クエン酸（食用）小さじ 1/2 杯、素 重曹（食用）小さじ 1/2 杯、シリコンのチョコレート型

遊び方

※❶で固まらない場合は、水を1〜2滴ずつ加えながら、調整します。

❶
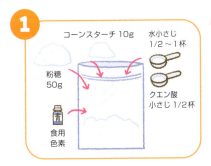

ビニール袋に粉糖とコーンスターチ、食用色素を入れ、水を少しずつ加えながらクエン酸を入れ、袋ごと振って混ぜます。水分が全体にいきわたり、袋の外からギュッと握って固まればOK！

❷

❶に重曹を加えて全体を混ぜ、シリコンの型に、ギュッギュッと強く押し込みます。

❸

型に入れたまま1日乾かしたら、取り出して完成です。口に入れるとシュワシュワの泡が楽しめます。

科学の目

ラムネを口に入れると、ラムネの中のクエン酸（**酸性**）と重曹（**アルカリ性**）が、口の中の水分と反応して、二酸化炭素が発生し、泡になります。これはp.50で紹介している入浴剤と同じ原理です。

科学性 Plus

入浴剤づくり（p.50）を体験したあとにラムネ作りをすると、シュワシュワが泡であることが実感できます。

ムラサキキャベツで色水あそび

4歳～小学生
一年中　屋内　こつがいる

こんな色に変わったよ！

レモン汁を入れたよ！　酢を入れたよ！　重曹水を入れたよ！　アンモニア水を入れたよ！

ムラサキキャベツの色水そのまま

ムラサキキャベツから作った紫色の色水に、酢や重曹水をたらすと…。色水の色が、魔法のように変わります。

用意するもの
［素］ムラサキキャベツ（葉を1～2枚）、水、ファスナーつきビニール袋、酢、レモン汁、［素］重曹、［素］アンモニア水、プラスチックカップ、スプーン

※アンモニア水は、アンモニア入り虫さされの薬を、少しだけ水にとかして作ってください。

遊び方

1

手でちぎったムラサキキャベツを一度凍らせます。ファスナーつきビニール袋に水を入れ、凍らせたムラサキキャベツを全部入れて密封し、3分くらいよくもみほぐし、色水を作ります。

2

紫色になった色水を、ビニール袋から5個のプラスチックカップに、同じ量取り分けます。

3

並べたカップに、レモン汁、酢、重曹をとかした水、アンモニア水を少しずつ入れ、色の変化を確かめてください。
※この実験の色水は飲まないでください。

科学の目

ムラサキキャベツの色は、**アントシアニン**という色素によってつくられています。この色素には、**酸性**になると赤色が強くなり、**アルカリ性**になると青から緑色に変化する性質があります。酢とレモン果汁は酸性、重曹水とアンモニア水はアルカリ性なので、それぞれ色の変化が楽しめます。このあそびは、食べたり飲んだりはできませんが、アントシアニンはナスやブドウなど多くの食品に含まれている成分なので、食品の性質を知るあそびとして楽しんでください。

違う材料で…

赤ジソを煮出した汁に砂糖をとかし、シソジュースを作ります。レモン汁を入れると色が鮮やかに変わります。色変わりを楽しんでから、いただきましょう。

ガシャガシャ振って かき氷

3歳～小学生
一年中　屋内　こつがいる

Chapter 8
食育あそび

氷と塩の冷却効果で、ジュースを急速冷凍！簡単にかき氷ができます。

用意するもの
ファスナーつきビニール袋（大小1枚ずつ）、ジュース200mL、氷500g、塩170g、軍手、ビニールテープ

遊び方

※氷に塩をかけると、マイナス20℃ほどの低温になります。素手で触ったり肌に触れると凍傷になる危険があるので、手袋をして、十分に注意をして行ってください。

1
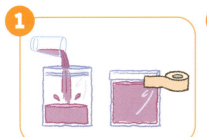
小さいビニール袋にジュースなどの材料を入れ、きちんとファスナーを閉じます。口が開かないように、ビニールテープでしっかり留めます。

2

ファスナーつきビニール袋に氷を入れて塩をふりかけ、❶を入れたらファスナーを閉めて密封します。

3

❷を軍手をした手で持って、2分くらいガシャガシャと振り、20分ほど置いておきます。袋を開けたら、かき氷が！

🔍 科学の目
氷に塩をかけると急速に氷がとけ、周囲の熱（**融解熱**）を吸収していきます。その結果、氷がマイナス20℃ほどまで冷却されるので、冷凍庫なしでもシャーベットが作れます。

科学性Plus
塩を入れる前と後の、冷たさの違いを確かめてみましょう。

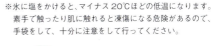

少し冷たい　　すごく冷たい

素材図鑑

片栗粉 (p.12,13)
- 購入できる場所：スーパーの食品売り場など
- 価格：200～400円

主にジャガイモから作られたでんぷんの粉。家庭用の袋は300gぐらいのものが多いが、大量に使うときは業務用スーパーやインターネットショップなどで1kg入りの袋を購入するのがおすすめ。なお、コーンスターチも同じでんぷんの粉だが、トウモロコシを原料としている。

ゼラチン (p.14,70)
- 購入できる場所：スーパーの製菓材料コーナーなど
- 価格：300～500円

ゼリーなどを作るための凝固剤。動物の骨や皮に多く含まれるコラーゲンというたんぱく質から作られている。粉状のもの（粉ゼラチン）と板状のもの（板ゼラチン）があるが、粉の方が扱いやすい。5gで一包になっているものが便利。ゼリー用の凝固剤としては、海藻を原料とした寒天やアガーなどもある。アレルギーの子どもへの配慮などでゼラチンが使えない場合は、寒天やアガーの使用を。

ホウ砂 (p.15)
- 購入できる場所：100円ショップ、ドラッグストアなど
- 価格：100～500円ほど

鉱物を原料とした粉末で、陶芸などに使われている。スライム作りの人気が出たため、最近は100円ショップでも販売されている。手で触って遊ぶには問題ないが、食べると嘔吐などの中毒を起こすことがある。口に入れたり傷のある手では触らないように注意が必要。

洗濯のり（PVA入り）(p.15,16,32)
- 購入できる場所：ドラッグストア、100円ショップ、スーパーの衣類の洗剤コーナー
- 価格：100～1,000円ほど

衣類をパリッとさせる用途の製品。スライムやスーパーボールを作る際は、必ず「PVA入り」と明記されているものを使用すること。PVAは、「ポリビニルアルコール」と呼ばれる合成樹脂の略語。

食用色素 (p.15,16,50,73)
- 購入できる場所：スーパーの製菓材料コーナーなど
- 価格：500円ほど

「食紅」のような名前で呼ばれることもある。赤い色のほか、黄色、青色などがあり、混ぜることで、いろいろな色が作り出せる。ほんの少量でも色がつくので、入れすぎには注意すること。

水性カラーペン (p.24)
- 購入できる場所：100円ショップ、文具店など
- 価格：100～200円

水性ペンにも、染料インクのものと顔料インクのものがある。p.24のようなにじみ絵のあそびでは、染料インクのカラーペンを使うこと。

発泡入浴剤（ペレット状）(p.25)
- 購入できる場所：ドラッグストアなど
- 価格：500～1,000円

炭酸成分のある湯にするための入浴剤。タブレット状のものや粉末のもの、ペレット状のものがあるが、ペレット状のものは量の調節がしやすく便利。

シャボン玉液 (p.27～32)
- 購入できる場所：ホームセンター、100円ショップなど
- 価格：100～3,000円ほど

市販のシャボン玉液は、安全性が確認されたうえで製造されているので、安心して使うことができる。STマーク（玩具安全基準合格マーク）がついたものがおすすめ。洗剤や石けんなどを利用して自分で作る際は、どうすれば割れにくいシャボン玉ができるか、工夫することで、科学的な考察につながっていく。遊んだあとは、しっかり手を洗うよう注意が必要である。

ドライアイス (p.30,48)

購入できる場所	氷屋、インターネットショップなど
価格	1kgで600円ほど

二酸化炭素を冷却して固体化したもの。ブロック型やスライス型などがある。少量であれば、アイスクリームを買った際などに保冷用としてついてくることもある。取り扱う際は、素手では触らない、爆発することがあるのでびんなどに密閉しない、換気できない場所に置かないなどの注意が必要。特に、車で運搬する場合は、窓をあけた状態で運搬すること。

ミラーシート (p.37)

購入できる場所	ホームセンター、100円ショップなど
価格	工作用のもので100〜500円

表面が鏡になっているシート。工作用のものや、インテリア用のものがある。手に入らない場合は、台所用のアルミシートなどでも代用できる。

分光シート (p.39)

購入できる場所	科学実験の専門店、インターネットショップなど
価格	10枚で2,000〜3,000円

透明のフィルムシートに1cmあたり約2500本の細かい筋を十字に引いたもの。光の回折と干渉によって白色の光が虹色に分かれて見える。

(分光シート／ケニス株式会社)

消臭ビーズ（吸水ビーズ）(p.40)

購入できる場所	100円ショップ、ドラッグストアなど
価格	100〜400円

高吸水性ポリマーという樹脂で作られたビーズ。細かい穴があり、水や匂いを吸収するため、水耕栽培や部屋の消臭に使われている。高吸水性ポリマーは、おむつなどや防災時の非常用トイレの吸水剤にもなっている。

ペットボトル (p.44,49,63)

購入できる場所	飲料の容器を廃材利用
価格	0円

飲み物の種類によってペットボトルの性質も違うので、あそびに合ったものを用意したい。ホットドリンク用や炭酸飲料用のものは比較的丈夫なので、しっかり作りたいものに向いている。子どもが加工する場合は、飲料水用などのやわらかめのものが扱いやすい。

発泡ポリエチレン棒 (p.45)

購入できる場所	ホームセンター、インターネットショップなど
価格	300〜500円

建築素材、包装の緩衝材などに使われる発泡樹脂製の棒。弾力のあるやわらかい棒で、好きなサイズにカットして使える。"バックアップ材""ポリフォーム丸棒Ⓡ"などの名前で販売されている。サイズを確認して購入すること。

(ポリフォーム丸棒Ⓡ／フヨー株式会社)

透明パイプ (p.45)

購入できる場所	ホームセンターの建材、または工作コーナー
価格	200〜1,000円

建材または工作などに使われるもの。塩化ビニル製とアクリル製がある。塩化ビニル製のものはのこぎりで、アクリル製のものはアクリルカッターで切って使うとよい。

クエン酸 (p.50,73)

購入できる場所	100円ショップ、ドラッグストアなど
価格	100〜700円ほど

レモンやグレープフルーツなどに含まれる酸の成分が粉末状になっていて、お菓子や飲み物の酸味づけに使われる。酸性のものが必要なときに、安全で手軽に用意できる。酸の成分でカルシウム分をとかすことができるので、掃除用にも使われる。ラムネ作りなど食べ物に使う際は、食品添加物用のものを使うこと。

77

重曹（タンサン）(p.50,72,73,74)

購入できる場所 100円ショップ、
スーパーの製菓材料コーナーなど

価格 100 ～ 300円ほど

重炭酸ソーダを料理用に使いやすい粉末状にしたもの。菓子などをふくらませたり、野菜のアク抜きなどに使われる。重曹は、酸性の汚れを分解することから掃除用の商品もあり、こちらは100円ショップやドラッグストアなどで、食用よりもやや安価なものが販売されている。安全で手軽なアルカリ性物質として、さまざまな科学実験に利用できるので、ぜひ常備しておきたい。ラムネ作りなど食べ物に使う際は、食品用のものを使うこと。

無水エタノール (p.50)

購入できる場所 ドラッグストア、
インターネットショップなど

価格 1,000 ～ 2,000円ほど（100mL）

水分をほとんど含まない純度の高いアルコール。すぐに蒸発してしまうので、水が苦手な電化製品の掃除などに使われる。引火しやすいので、火の近くでは絶対に使用せず、保管に注意すること。

磁石 (p.58)

購入できる場所 100円ショップ、ホームセンターなど

価格 100 ～ 500円ほど

工作素材用のものが多種あるので、作りたいものに合わせて選びたい。磁力が強いものは、複数誤飲すると胃の中でくっついて排出されず、開腹手術に至ることがある。ある程度大きなものを選んだうえ、十分気をつけて扱いたい。

こんにゃく精粉 (p.71)

購入できる場所 インターネットショップなど

価格 600 ～ 1,000円ほど（100g）

手間のかかるこんにゃく作りが手軽にできるよう、こんにゃくいもの成分を精粉にしたもの。こんにゃくいものグルコマンナンが主成分で、大量の保水性がある。メーカーにより独自の配合になっているので、作り方は製品の注意書きに従うこと。

（こんにゃく精粉／ＪＡ全農ぐんま）

アンモニア水（虫刺され薬）(p.74)

購入できる場所 ドラッグストアなど

価格 500 ～ 1,200円ほど

アンモニアとは窒素と水素からなる化学物質。これが水と混ざったものがアンモニア水という液体で、身近なところでは虫刺され薬に使われている。「アンモニア水」という名称でドラッグストアなどで販売されていることもあるが、アンモニア成分が入った虫刺され薬（キンカン®など）が手に入れやすい。子どもの実験には、水に少量入れて薄めて使用すること。

ムラサキキャベツ (p.74)

購入できる場所 大型スーパーや青果店など

価格 200 ～ 1,000円ほど

アントシアニンを多く含んだ紫色の野菜。p.74で紹介しているような、色変わりが楽しめる食品素材としては、他に赤ジソやブルーベリージュース、バタフライピーのお茶などがあるが、色の変化がいちばん大きくわかりやすいのが、ムラサキキャベツ。他の素材と色変化を比べるなどしても楽しい。

あとがき

　サイエンス倶楽部は、幼児から中学生までのさまざまな年齢の子どもたちが通う科学実験教室です。実験は大人がやっても純粋に楽しいものですが、子どもたちはただ楽しむだけでなく、さまざまな実験を通して興味を広げ、いつの間にか自分で何かを探求するようになり、自ら考え、行動するようになることに驚かされます。

　私たちは教室での活動のほかに、保育園や幼稚園に出向いて科学実験教室を行っています。この本で子どもに関する部分の執筆や監修を担当してくださった「にじのいるか保育園芝浦」さんにも定期的にうかがい、「かがくあそび」の時間を積み重ねてきました。わたしたちのあそびレパートリーのなかから、園での活動実践などを通して、幼児期から小学校低学年ぐらいの子どもが楽しめると実感できるものを集めできたのがこの本です。

　この本では、色、温度、感触など、子どもたちの五感を刺激するあそびをできるだけ多く取り上げました。五感をフルに使い、忘れられない体験を積み重ねることが大切だと考えるからです。子どもたちが「わー！」「きゃー！」「え〜！？」といった驚きや感動を感じられるよう、楽しく遊んでいただけたらと思います。ドキドキやワクワクするような心が動かされる体験は、記憶にしっかりと残るものです。これは、子どもだけでなく大人にも共通することではないでしょうか。

　また、この本では「科学の目」という科学的な解説コーナーも設けました。これは、大人の方がその科学あそびの現象を理解するために少しでも役立てていただくためのものであり、子どもたちが理解しなければならない、という意味のものではありません。まずは、あそびを通じて「さまざまな体験をすること」を何よりも大切にしていただければと思っています。ワクワク、ドキドキする体験を通じて、「なんで？」「どうして？」「もっと知りたい！」「もっとやりたい！」と

いった興味や探究心が芽生えれば、成長して関連する事象に出会ったとき、それがしっかりとした知識として身についていくはずです。今は何よりも楽しんで遊んでみてください。

2024 年 11 月 サイエンス倶楽部

あそびアイデア・執筆
サイエンス倶楽部

1992年より30年以上に渡り、子どもたちに「ワクワク」や「感動」を届けてきた科学実験教室のパイオニア。教室という枠に収まらず、野外や大学、さまざまな研究機関などのフィールドで、通常ではなかなか体験できないたくさんの学びや発見を提供している。科学実験教育を通して、知力、行動力、持続力、気力、コミュニケーション力など、自立した一人の人間として力強く生きていくための「総合的な力」を育むことを大切にしている。現在、首都圏に14教室を展開しており、幼児施設や小学校でも科学あそびの活動をしている。

保育監修
にじのいるか保育園芝浦

東京都港区にある保育園。子どもたちの意欲や自信を育む保育を目ざし、そのきっかけとなるような活動を積極的に行っている。定期的に行う「科学実験教室」では、サイエンス倶楽部の先生と保育士がいっしょになってアイデアを出し合い、園の子どもたちに合った科学あそびを行っている。

幼児から小学校低学年までの
子どもがハマる！ かがくあそび

2025年2月　初版第1刷発行

著者	サイエンス倶楽部　©ScienceClub 2025
発行人	大橋 潤
編集人	竹久美紀
発行所	株式会社チャイルド本社
	〒112-8512　東京都文京区小石川5-24-21
電話	03-3813-2141（営業）
	03-3813-9445（編集）
振替	00100-4-38410
印刷・製本	TOPPANクロレ株式会社

ISBN978-4-8054-0332-7　C2037
NDC376　24×19cm　80P　Printed in Japan

■乱丁・落丁本はお取り替えいたします。
■本書の無断転載、複写複製（コピー）は、著作権法上での例外を除き禁じられています。
■本書を代行業者等の第三者に依頼してスキャンやデジタル化することは、たとえ個人や家庭内での利用であっても、著作権法上、認められておりません。

執筆（p.2-3）	森　義仁（お茶の水女子大学教授）
写真撮影	佐伯元行
	植木裕幸　林　均
イラスト	わたいしおり　杉原知子
装丁・デザイン	近藤奈々子（イシクラ事務所）
撮影協力	国立あおいとり保育園
キッズモデル	有限会社クレヨン
編集協力	大木邦彦（企画室トリトン）
本文校正	有限会社くすのき舎
編集	竹久美紀

チャイルド本社のウェブサイト
https://www.childbook.co.jp/
チャイルドブックや保育図書の情報が盛りだくさん。
どうぞご利用ください。